텅 빈 가득함

텅 빈 가득함

펴낸날 ‖ 2020년 11월 3일 초판 발행

지은이 ‖ 서해명

펴낸이 ‖ 유영일

펴낸곳 ‖ 올리브나무 출판등록 제2002-000042호
 경기도 고양시 일산동구 정발산로 82번길 10, 705-101
 전화 070-8274-1226, 010-7755-2261
 팩스 031-629-6983 E메일 yoyoyi91@naver.com

값 15,000원

ISBN 978-89-93620-89-4 03190

텅 빈 가득함

不在 서해명 에세이

하나로 가득함에도 텅 비어 있고

텅 비어 있기에 걸림이 없다.

마음을 내지 않고 마음 쓰는 법.

달을 가리키는 손가락 하나,
그리고 "당신 자신이 보름달"이라는 이야기

꽃 한 송이 들어 보인 소식

2천 5백 년 전의 어느 날 아침, 설법을 듣고자 모여든 청중들 앞에서 석가는 한참 동안 말이 없었다. 침묵 속에서 말씀을 기다리는 제자들 앞에, 석가는 잠자코 연꽃 한 송이를 들어 보인다. 스승님의 뜻이 어디에 있는지 모두가 의아해하는 가운데 가섭 존자만이 빙그레 미소로 화답함으로써 진리의 법이 마음에서 마음으로 전해지게 된다.

그날, 붓다가 연꽃 한 송이를 쳐들어 보임으로써 전하고자 하셨던 "말없는 말"은 그 내용물이 무엇이었을까? 연꽃 한 송이를 보고 빙그레 미소를 지었던 가섭 존자가 연꽃 너머에서 보고 들은 소식은 무엇인가? 가섭 존자의 눈과 붓다의 눈을 잇는, 보이지 않는 전선에서는 어떤 소식을 담은 전파가 흐르고 있었을까?

깨달은 자가 연꽃 한 송이를 들어 보인 이 사건은 비단 2천 5백

년 전에만 국한된 사건이 아니다. 2천 년 전, 예수는 "내가 길이요 진리요 생명"이라고 말하여 진리의 꽃 한 송이 들어 보였고, 그보다 훨씬 더 전에 노자는 "써도 써도 다함이 없는 내 안의 도道"에 대해 말하여 무위자연의 꽃 한 송이 들어 보였다. 어디 그뿐이겠는가. 진정한 자유를 찾은 수많은 이들이 저마다 꽃 한 송이를 들어 보였다. 내가 책으로 만난 분들만도 몇백 분 정도는 되지 않을까 싶다.

달을 본 사람들

'달을 본' 사람들은 '달을 본' 이야기를 하지 않을 수 없다. '달을 본' 그 일이 존재 전체를 흔들어 놓고, 인생을 송두리째 바꾸어놓기 때문이다. 세상의 모든 각자覺者들은, 진정한 각자일수록, '달을 가리키는 손가락' 노릇을 기꺼이 자처한다. '손가락' 노릇을 하는 그것으로 충분하다는 것을 알기 때문이다.

세상의 모든 스승들이 애써 가리켜 보이는 '달'은 무엇인가? 허공에 저 멀리 떠 있는 달이 아니다. 진리의 달, 우리가 영원히 회향해야 할 달은 바로 '우리 자신'이라는 달이다. 세상의 모든 스승들은 저 멀리 떠 있는 진리의 달을 보라고 말하고 있는 것이 아니라, 각자 '마음의 달'을 보라고 기꺼이 손가락을 들어 가리켜 보이신다.

허공의 달은 초승달에서 보름달로, 보름달에서 그믐달로 변화를 거듭하지만, 그것은 단지 겉모습일 뿐이다. 지구와 태양과 달의 삼각관계에 따라 모습이 달라 보일 뿐, 달은 언제나 스스로 보름달이다. 우리의 성품 또한 마찬가지다. 언제나 보름달이다.

"달을 보라고 하는데, 왜 손가락만 보나?" 참스승 된 이들을 제자들을 향해 질타하신다. 예수도, 붓다도, 노자도, 장자도, 기꺼이 손가락을 자처하셨을 뿐이다. 스스로 '인류의 위인', '대스승'으로 자리매김되기를 원하시는 스승님은 없다. 그런 스승이라면, 그는 진정한 스승이 아니라 가짜 사이비일 뿐이다.

예수는 "나를 먹으라"고까지 하셨다. '진리 말씀'을 먹으라는 말씀이고, '보름달'을 먹으라는 말씀이다. 제자가 예수를 먹었다면, 예수는 제자의 살과 피가 되어 제자의 몸속을 순환하고 있어야 마땅하다. 예수는 제자의 살과 피로서 흔적도 없이 사라져야 마땅하다. 제자는 예수에 대해 떠들 필요가 없다. 칭송을 늘어놓을 필요도 없다. 예수가 가리켜 보인 보름달을 정말로 보았다면, 그는 손가락에 불과한 개체로서의 예수를 더 이상 이야기하지 않을 것이다. 보름달을 이야기하는 것만으로도 시간이 부족할 테니까. 그래서 제자는, 스승과 마찬가지로, 다른 누군가를 위해 기꺼이 보름달을 가리키는 손가락이 되어 주고자 할 것이다.

손가락을 보지 않고 보름달을 보려면

손가락을 보지 않고 보름달을 보기 위해서는 어떤 마음을 내야 할까? 무엇보다도 자기의 견해를 다 비워야 한다. 겸허하고 빈 마음이 되어야 한다. "그가 과연 보름달을 보기나 한 것일까?" 의심하는 마음을 내지 말아야 한다. 일단은 믿어 주고, 자기 자신을 비추어보는 거울로 삼아야 한다. 하지만 믿어 준다는 것은 쉽지 않은 일이다. 예수조차도 의심하는 사람들이 누구를 의심하지 않겠는가? 하지만 그래 보았자, 의심하는 자기만 손해일 뿐이다. '그가 정말로 보름달을 본 자라면, 그래서 그 보름달을 나 또한 보게 해주는 도우미 노릇을 하고 있다면, 나에게도 그만큼 보름달을 볼 기회가 생기는 것이 아닌가? 그가 보름달이 아닌

자기 손가락만 강조하고 있다면, 그때 가서 돌아서면 그만일 것이다.'
이런 자세로 고고살살 집중해서 그 사람의 말이나 글을 자기 거울로
삼는 것이 이롭지 않겠는가?

흙탕물은 푸른 하늘을 비추지 못하듯이, 자기를 온전히 비우지 않으면
우리는 예수도, 석가도, 노자도, 장자도 받아들일 수가 없다. 그분들의
말씀이 우리 자신의 피와 살로 받아들여지기 위해서는, 무엇보다 먼저
자기를 텅텅 비우는 겸허함과 자기 자신에게 솔직하고 정직해지는 마음가
짐이 중요할 것이다.

여기 또 하나의 손가락, 그리고 "당신 자신"인 보름달

보름달을 본 사람들은 그 이야기를 할 수밖에 없고, 20세기 후반
이후에는 더 많은 사람들이 저마다 자기 보름달을 보고 그 소식을 책과
방송과 SNS를 통해 전파하고 있다. 번역이라는 통로가 되어 내가 한국어
로 옮긴 분들만 해도 열 손가락을 다 꼽아야 한다.

가히 '깨달음의 홍수' 사태라고 할 만큼 많은 이들이 깨어나고 있지만,
그럼에도 불구하고 세상은 여전히 잠에서 깨어나지 못한 사람들의 갑론을
박과 아귀다툼으로 날마다 세상이 무너질 듯 불안하고 시끄럽기만 하다.
여전히, 여전히 지구의 깨달음은 배가 고프다. 깨어나지 못한 자들의
아우성 속에서도 깨어난 사람들이 '고요한 외침'을 발하면서 저마다
자기 보름달을 가리켜 보이고, 꽃 한 송이를 들어 보이는 소식은 그래서
반가울 수밖에 없다.

이미 두 권의 시집(『아무것도 아님에 대하여』, 『나 없음의 경이』)을
펴낸 데 이어 이번에 산문으로 독자들과 만나게 된 서해명 또한 자기

보름달을 본 이야기로, 꽃 한 송이를 들어 보인다. 우리는 그가 가리켜 보이는 '보름달'을 보고 '꽃'을 보아야 한다. 손가락인 그는 주목할 필요가 없다. 그는 '우리 자신인 보름달'을 보라고 검은 활자들 너머에서, 행간과 행간 사이에서 손짓한다.

그는 도대체 무슨 글잔치를 벌여놓고 독자들을 초대하고 있는가? 궁금증과 호기심은 잔치를 즐기게 만드는 첫번째 도우미가 되어 줄 것이다. 그가 도대체 무슨 음식을 만들어놓고 초대를 한 것인지, 그가 마련해 놓은 음식을 곰곰 음미하면서 즐기는 것이 독자에게는 가장 본전을 뽑는 일이 될 것이다. 도란 '길 없는 길'이라고 하던데, 그는 과연 그 길의 어디쯤에 서 있는 것인지, 나는 또 어느 자리에 서 있는지, '마음은 도둑'이라고 하면서 '생각의 비무장지대'를 이야기하고 '나 없음'을 줄창 이야기하는데, 나는 어느 만큼 나 자신을 도둑질당하고 있으며, '생각의 비무장지대'를 나는 삶 속에 어느 만큼 들여놓고 있는지, 물음표와 함께 하는 여정은 책읽기를 더욱 더 풍성하게 해줄 것이다.

서해명이 이야기하는 "텅 빈 가득함"— 그것은 우리들이 어느 자리에 서 있는지를 가리켜 보이는 이정표가 될 수 있다. 그가 가리켜 보이는 "하나로 가득함에도 텅 비어 있고, 텅 비어 있기에 걸림이 없는 삶"은 우리가 잘만 받아들이고 용해하여 쓰면, 세상에 물들어 살아가는 우리들 괴로움의 근거를 지우는 지우개가 될 수 있고, 슬픔을 녹이는 위안의 영약이 될 수 있을 것이다. 그의 이야기는 그가 들어 보인 꽃 한 송이고, 달을 가리키는 손가락이다. 그리고 그 꽃, 그 달은 바로 "우리 자신"이다.

유영일 (번역가, 수필가)

"나는 아무것도 바라지 않는다.
나는 아무것도 두렵지 않다.
나는 자유다."

니코스 카잔차키스의 묘비명

'나 없음'의 이야기, 그리고
'아버지와 내가 하나임'에 관한 이야기

《아무것도 아님에 대하여》 제1집에 이어 제2집 《나 없음의 경이》를 탈고한 후 시라는 형식으로는 다 담을 수 없었던 이야기들을 하고픈 생각이 일어나, 두서없이 적어가기 시작했습니다. 먼저, 암으로 고통받으며 힘들게 투병 생활을 하다가 하나님 곁으로 간 며늘아기 얘기부터 시작하지 않을 수 없었습니다. 자식이 먼저 가면서 우리 가족에게 준 많은 사랑과 아픔은 삶을 돌아보는 계기가 되었으며, 가슴 에이는 슬픔이 함께함도 내 일이었습니다.

삶이란 내 뜻대로 이루어지는 것이 아닌 신비한 흐름의 연속으로, 그것이 무엇이든 나는 그것과 함께 살아가게 되어 있어서, 깨달음이란 결국 '적극적으로 수용하기'의 길임을 날이 갈수록 깨우쳐 가게 됩니다. 어떤 일은 일어나야 했고, 어떤 일은 일어나지 않아야 했다면, 세상일이 내 뜻대로 이루어져야 한다는 얘기여서 신의 영역을 침범하는 일이 되겠지요. 일어나는 일은 내 뜻과는 아무런 상관이 없습니다. 현실은 정확히 '지금 이대로'이며, 잘못되고 잘되고 할 것이 없이 '있는 그대로'입니다. 과거를 바꾸려 애쓰지만, 과거를 바꿀 수는 없습니다.

현실을 사랑하지 않고서 그 어느 것과 친밀할 수 있을까요? 비록 커다란 아픔이 있다 해도 그것과 함께하지 않는 '나'는 없기에, 아무리 어렵고 힘든 상황이 닥치더라도 그것을 사랑하지 않을 수 없습니다. 가는 길이 험하여 몸에서 큰 통증을 느끼고 사랑하는 아이가 죽어도 그 고통은 그 고통일 뿐, 그렇지 않아야 한다고 현실과 다투면 더 큰 고통이 따를 뿐입니다. 모든 것을 '있는 그대로' 수용하며 그 안에서 평화를 찾고 자유를 찾아야 하기에 아버지께 나아갈 수밖에 없습니다.

이 이야기는 제1집과 제2집의 연속일 수밖에 없으며 내 이야기일 수밖에 없습니다. '나 없음'의 이야기와 '아버지와 내가 하나임'에 관한 이야기일 수밖에 없습니다. 모든 것이 '나'로부터이기에, 모든 문제는 '나 있음'에 기인하기에, 그럼에도 '나 없음'이야말로 진리이기에, 앞으로의 삶이 '나 없음'이어야 하기에, 이 이야기와 함께 '나 없음'의 길을 걸으며, 그 길을 적극적으로 수용하며, 아버지와 함께 살아가는 이야기이어야 했습니다. 아버지는 전부이며 사랑이시기에, 아버지께선 원하고 구할 아무것도 없이 이미 충분히 주셨습니다. 아버지는 항상 우리와 함께하시기에, 찾으려 노력할 것이 없음을 얘기해야 했고, 그 길은 '나의 부재'임을 노래해야 했습니다.

'나 없음'으로 아버지와 함께할 때 참삶이 이루어지고 기쁨으로 충만한 삶이 이어지기에, 모든 것을 떠나 무소의 뿔처럼 혼자 가는 길을 찾아보고자 했습니다. 내게 보이는 건 내 안의 것일 수밖에 없어서, 예수도 석가도 내 안의 예수요 내 안의 석가입니다. 거룩함도 지혜도 나 자신의 밖에서 찾으려고 한다면, 나를 나 자신에게서 분리시키는 관념에 불과합니다. 분리된 어떤 것도 내가 아닙니다. 하나님과 하나 된 자리에서 부동不動입니다. 지어지선止於至善입니다.

모두를 다 비워내고 어떤 생각도 없이 홀로 있을 때, 내가 없을 때, 진정한 나는 아버지와 같이 있습니다. 곁에 있는 것이 아니고 합일된 하나이기에 표현할 길이 없습니다. 모두를 다 주고 나면 더 주고파도 줄 수 없어서 아쉬움이 일까요, 다 주었기에 충만함이 일까요? 다 주신 아버지께선 사랑으로 충만합니다. 속 시원히 울고 나면 모든 것이 간곳없이 풀어져서 나 홀로 모두를 품에 안듯이, 진실로 혼자 있는 시간은 '텅 빈 가득함'의 시간이 될 수 있습니다. 나는 없고 아버지와 하나 된 '나'를 보아야 합니다. 모두가 하나이기에 수용할 수밖에 없습니다. 수용되어집니다.

2019년 11월 3일 일요일에 하나임을 보여주신 아버지께 감사할 겨를도 잠시, 며늘아이의 병이 중해짐에 따라 온 가족은 며느리의 건강을 위해 기도했습니다. 응답이 없으리라는 것을 알면서도 기도 말고는 할 수 있는 일이 없기에 아버지께 매달리며 구하고 또 구하는 가운데, 이곳과 저곳이 하나임을 보고 우리 애기가 먼저 가더라도 아버지의 뜻임을 알게 되었습니다. 이곳 모두가 하나일 뿐 아니라 저곳까지도 하나였습니다. 나도 없고 너도 없는 모두가 하나인 세상에서 나의 슬픔도 있을 수 없기에 '오는 그대로 받아들이는 일'뿐이어서 적극적으로 수용하는 수밖에 없었습니다. 그리고 나서 모든 일이 '적극적으로 수용하기'임을 알게 된 것입니다. 현실 말고는 존재하지 않기에 존재하는 여기에 있어야 했습니다. 마음이 여기를 떠나 여행할 때마다 알아차림으로 돌아오곤

하면서, 깨우침의 길을 걷고 있습니다. 그렇게도 확신하던 '나 있음'의 세계에서, 관념을 벗어나 실제 생명의 참모습인 '나 없음'의 세계를 보고 난 후, 온 세상이 '나'임을 깨닫게 되었습니다. 모두가 한 생명으로 살아가는 신비가 펼쳐진 것입니다. 숲과 나무와 돌들, 그리고 당신과 내가 이렇게 살아 숨쉬는 삶보다 더한 불가사의가 없기에, 이곳이 저곳과 다름없는 천국입니다. 나는 나로 있는 것이 아니라 나만으로 있을 수 없음을 알면 이 세상이 에덴동산임을 봅니다. 우리는 한 생명체입니다.

〈초대의 말〉을 올려주시고 책 출판에 정성을 기울여주신 유영일 사장님께 깊은 감사를 드리며, 또한 지혜의 길에서 가꾸고 돌보는 일을 함께해 주신 최성무 목사님, 이순임 목사님, 민승돈 장로님, 그리고 많은 도반님들께 감사의 뜻을 전합니다. 이번에도 많은 조언과 교정을 함께 해준 제자 이창엽 군에게 고마움을 표합니다.

이제, 나 없이 모두와 함께 살아가는 길에 들어섰습니다. 나 아닌 것이 하나도 없기에 갈등은 현저히 줄어들었습니다. 하지만 70년의 업과 살아갈 일이 산처럼 무겁게 따라오는 것도 사실이어서 그때마다 알아차림으로 깨어 있으려 합니다. 갈 길이 분명해짐으로 마음이 그렇게 가벼울 수가 없습니다. 감사함으로 망설임이나 혼란 없이 아버지와 함께 하려 합니다.

2020년 가을이 깊어지는 어느 날

不在 **서해명**

14

차 례

제3부 빈 배

제4부 무아지경 無我之境

아버지, 내 것을 다 비워야 아버지를 볼 수 있음에도

기어이 찌꺼기를 남겨놓고 남은 삶마저 물들이고 맙니다.

에고의 위대한 힘은 어디까지일까요?

삶이 내 것이 아니기에 삶이라는 신비한 흐름에 맡겨두고

'나 없음'으로 살아간다 하면서도

'아버지, 우리 애기 살려 주십시오. 고통을 덜어 주십시오.'

떼를 쓰고 있습니다.

제1부

길 없는 길 위에서

기도

'아버지, 제발 아픔을 덜어주소서' 떼를 쓰지 않을 수 없어요.
죽음의 문을 넘어서 모든 것을 내려놓으면 바로 아버지 나라임을 알면서도,
기도는 어느새 나의 원함으로 바뀌어 있습니다.

• • •

아침에 눈을 뜨자마자 아버지께 '오늘도 '나를 없이 하고 아버지 나라를 주옵소서' 기도하고는 한참을 기다려도 아버지께선 아무런 말씀이 없네요 응답을 기다리지 않은 지도 꽤 되는데, 오늘은 웬일인지 말씀이 기다려집니다.

할 일이 없어서 일감 달라고 기다리는 것이 아닙니다. 기도에 응답을 기대하던 습관이 또 시험에 나섰나 봅니다. 이미 모든 것을 다 주시고 모든 장을 다 펼쳐주신 아버지께 무엇을 더 바랄 수 있을까요?

"네가 하고픈 대로 하거라." 모든 것을 주신 아버지. 그래도 떼쓰지

않으면 허전한가 말씀을 기다리고 있습니다.

그러고 보니 응석을 부리고 있었네요. 오늘부터 글을 쓰려한다고 말씀드리고, 그 허락을 받으려 한 것입니다.

오늘은 동지입니다. 낮은 낮아지자는 시간이요, 밤은 바람의 시간이라 말씀해 주셨으니, 오늘은 바람의 기도를 좀 해도 될는지요?

아버지, 우리 며느리 아픔을 덜어주소서.
데려가실 때까지 평온을 주옵소서.
모든 것은 제 뜻이요, 아버지의 뜻임을 아옵니다.
하지만 우리 아기 보살펴주옵소서 기도하옵나이다. 아멘!

오늘부터 된 소리, 안 된 소리 가리지 않고 아버지께 응석을 부려서 아버지의 뜻에 얼마나 가까이 갈 수 있는지 알아보려 합니다. 아버지를 알 수 없기에, 모름에서 침묵 속에 있음이 제일이라 여기지만, 그래도 에고를 통해서 보는 아버지는 얘기할 수 있어야 하기에, 우리가 얼마나 모르고 있는지 살펴 가려 합니다.

죽음은 끝이 아니라 새로운 시작의 문이요 부활을 이룸이라고 며느리에게 얘기하고 돌아서는 길입니다. 그럼에도 아파하는 며느리를 보고 있노라면 '아버지, 제발 아픔을 덜어주소서' 떼를 쓰지 않을 수 없어요. 죽음의 문을 넘어서 모든 것을 내려놓으면 바로 아버지 나라임을 알면서도, '아버지 나라보다 더 좋은 곳이 없음'을 알면서도,

기도는 어느새 나의 원함으로 바뀌어 있습니다. 내 삶이 아닌 며느리의 삶에 관여한 것입니다. 아버지의 사랑보다 우리의 사랑이 더 큰 것처럼 착각을 하고 우리의 사랑을 지켜달라고 응석을 부리고 있습니다.

아버지, 저희는 이렇게 제 욕심을 앞세워 더 좋은 것을 놓치고 있다는 것도 모른 채 어리석음에 빠져 있습니다. 내 것을 다 비워야 아버지를 볼 수 있음에도 기어이 찌꺼기를 남겨놓고 남은 삶마저 물들이고 맙니다. 에고의 위대한 힘은 어디까지일까요? 착각 속에 빠진 삶은 어디까지일까요? 아버지 나라를 보고도, 아픔에 직면하고는 구해 달라 원하는 것을 기도로 포장하고 있네요. 삶이 내 것이 아니기에 삶이라는 신비한 흐름에 맡겨두고 '나 없음'으로 살아간다 하면서도 '아버지, 우리 애기 살려 주십시오. 고통을 덜어 주십시오.' 떼를 쓰고 있습니다.

무한하신 아버지의 사랑을 어찌 알 수 있겠습니까? 무슨 쓰임이 있기에 먼저 데려가시려는지를 어찌 알 수 있겠습니까? 모든 것을 아버지께 맡기오며, 나를 없이하소서 기도합니다.

병상 일지

얼마나 친밀하고 아름다운지 형용할 수 없는 불가사의한 아버지 나라.
나만 없으면 저절로 나타나 보여주는 사랑의 나라.
그와 같은 사랑이 이곳에도 있는 것인지요?

• • •

잠에서 깬 며늘아기가 나를 보고는 뭘 찾는지 당황한 얼굴로 두리번
거리더니, 아들이 얼굴을 내밀어 눈이 마주치자 불안은 순간에 사라지
고 안도의 한숨마저 깊게 들이쉽니다. 깨어나자마자 제 남편부터
곁에 있는지 살피고 그다음 일을 봅니다. 눈을 뜬 며늘아기는 자신을
바라보는 남편에게 무한 신뢰감을 보내고 있습니다. 눈을 마주하고
있는 두 아이의 모습에 가슴이 절절히 저며 오네요. "아버지, 이리도
아름다운 부부를 왜 어찌하여 갈라놓으시려 하시나요?" 저절로 기도가
나옵니다.

똥, 오줌 누지는 않았는지 코를 킁킁거리며 냄새를 맡고 있는

아들을 보며, "그래, 저렇게도 아껴주고픈 마음이 절로 스며나오고 있는데, 아버지께선 어찌 이리 야박하게 갈라놓으시려 하십니까? 아버지! 아버지의 뜻을 저희가 어찌 알 수 있겠나이까? 하오나 저며 오는 가슴, 아픈 마음을 가눌 길이 없음도 사실입니다." 또다시 하늘을 향해 속엣말이 나옵니다.

진통제를 맞고도 남편의 손을 잡고야 잠이 드는 우리 애기, 아들 따라 인사 왔던 너를 본 후, 너는 시집와서 아들 낳고 시부모, 시누이, 조카 챙기느라 너 자신은 남 보듯이 멀리하고, 남편 일 도우며 자식 기르느라 자신은 돌아볼 시간도 없었지. 그리 살면서도 항상 미소 띤 네 얼굴이 병상의 네 얼굴에 겹쳐져서 먼 산 보고 한숨 짓는 일 말고는 절절히 스며드는 안타까움을 달랠 길이 없구나. 집에 복덩이 가 들어와 집안이 화평하여 알콩달콩 살아가게 되자 운명의 여신이 시샘을 하였나? 행복은 불행과 함께 온다더니 너무 행복에 겨워 지냈 나? 아버지의 뜻을 도무지 알 수가 없구나.

아버지! 일어나는 모든 일은 내게 일어나는 게 아니라 나를 위해 일어나는 것도, 아버지는 전부요 좋으시니 일어나는 모든 일이 좋은 일이라는 것도 아옵니다. 하오나 시련이 닥쳐오니 아버지의 뜻을 헤아릴 길이 없습니다. 아버지는 함께 계셔 기도의 응답을 기대할 것이 없음도 알지만 기도가 원함으로 바뀌어 살려 달라 기도합니다. 아버지! 우리 애기 좀 살려주세요! 아니면 고통이라도 덜어주소서. 평온한 가운데 아버지 품에 안기게 하옵소서.

세상이라는 학교를 졸업하고 아버지 나라에 입학하는 부활의 영광이 아기에게 있음을 믿기에 헤어지는 서글픔은 잠시 잠깐이리라 여기지만, 지금은 참으로 힘든 시간이옵니다. 아버지 저희를 지켜주소서! 아기의 손을 잡고 기도합니다. 우리 애기 고통을 덜어주소서. 평온을 주소서! 아버지와 함께함을 알게 하소서!

'나 외의 신을 받들지 말라.' 이르신 아버지의 말씀을 떠나 자신의 욕망을 받들고 있는 인류를 아버지께서 멸망치 않고 지켜보시고 계시는 이유는, 우리 애들처럼 진실한 사랑을 보셨기 때문이 아닌지요? 물거품 같은 이 세상에도 아버지 나라와 같은 진실의 모습이 있어서 아버지 보시기에 좋으시어 멸하지 않고 지켜보시는 것은 아닌지요?

기특하고 대견한 내 새끼들 덕분에 하늘나라를 보여주신 아버지. 얼마나 친밀하고 아름다운지 형용할 수 없는 불가사의한 아버지 나라. 나만 없으면 저절로 나타나 보여주는 사랑의 나라. 그와 같은 사랑이 이곳에도 있는 것인지요? 그래서 쓰시려 하는지요? 무슨 뜻이 있어, 일찍 쓰시려 하는지 알 수 없사오나, 지금 간구하옵기는 아버지! 우리 애기에게 평온을 주옵소서.

'제 뜻대로 마옵시고, 아버지 뜻대로 하옵소서. 아멘!'

며느리 반지

조금만 더 같이 있을 수 있어도 얼마나 좋으랴.
모든 것은 아버지의 뜻임을 알기에 받아들이려 애를 써보지만
너무도 가슴이 저밉니다.

• • •

하늘나라를 준비하고 있는 우리 며늘아기, 몸이 야위어 가더니
손가락에 끼고 있던 마지막 보물. 손가락을 떠난 적이 없는 반지가
저절로 빠지자, 내겐 필요 없는 것이라며 문병 온 시누이에게 빼주네요
애기가 가진 마지막 유품이리라는 것을 안 딸아이가 눈물을 글썽이며,
"언니, 이 반지는 언니가 제일 아끼는 거잖아요"라며 말을 잊지 못하자,
코믹 연기까지 하면서 시누이 눈물을 웃음으로 바꿔놓은 우리 애기.

진한 감동의 선율이 병실을 흠뻑 적시고 순수하고 아름다운 사랑의
교감이 눈시울을 붉게 물들이면서도 흐뭇한 미소가 입가에 어립니다.
아버지께 가면서 다 내려놓고 모든 것을 포용해가고 있는 우리 애기.

조금만 더 같이 있을 수 있어도 얼마나 좋으랴. 모든 것은 아버지의 뜻임을 알기에 받아들이려 애를 써보지만 너무도 가슴이 저밉니다.

누가 너보고 마음을 그리 쓰라 하더냐?

그 마음은 어디서 우러나오더란 말이냐?

이승의 마지막 남은 추억이기도 하련만, 홀연히 다 벗어버림은 아버지를 찾아가기 위함이더냐?

삶과 죽음의 간격은 무엇일까?

어느 것이 삶이며 어느 것이 죽음인가?

살아남아 먼저 간 이를 그리워함은 무슨 일인가?

아버지 안에 이곳과 저곳이 함께 있는데, 무엇이 그리움을 불러일으키더란 말이더냐?

너의 그 고운 마음이 이곳이라고, 또 저곳이라고 다르겠느냐?

아버지 안에서 살아왔듯이 아버지께 감이 다를 게 무엇이더란 말이냐?

성령이 함께하므로 아버지와 같이 있는 것입니다. 아버지와 함께 영생의 삶이 펼쳐지는 부활의 은총이 함께하시는 것입니다.

"진실로 진실로 너희에게 이르노니 사람이 내 말을 지키면 죽음을 영원히 보지 아니하리라"(요 9:51). 아멘!

마누라 기침 소리

알고 보면 세상에 투정 부리고 살아온 세월입니다.
내가 잘해서 내가 내 인생 살아온 것 같지만,
세상이 받아주고 안아주어 여기까지 온 것입니다.

• • •

들려오는 기침 소리가 아침부터 심기를 흩트려 놓습니다. 감기 기운이 있는지 콜록거리는 마누라 기침 소리가 여간 불편한 게 아닙니다. 내가 기침하면 감기 걸렸나 보다 걱정하며 몸 따뜻하게 하라고 마음 써주는 아내와 달리, 나는 짜증이 나네요 나를 위해서 마누라는 아파도 안 되고 항상 활기차고 건강해야 합니다.

생각할수록 웃음이 납니다.
나는 아파도 되고, 마누라는 아프면 안 된다니

이런 생가을 어찌 그리 천연덕스럽게 할 수 있을까요?
인간이 이리도 욕심 천지일까요?
'내려놓는다' 다짐하길 얼마던가
그래도 아내에 대해서만은 아닌가 봅니다.
여자들은 웬 투정이 그리도 많을까? 하고
알 수 없는 존재로 치부하고 살아왔는데
투정은 내가 부리고 있는 게 아닌가 싶습니다.

알고 보면 세상에 투정 부리고 살아온 세월입니다. 내가 잘해서 내가 내 인생 살아온 것 같지만, 세상이 받아주고 안아주어 여기까지 온 것입니다.

당연한 듯이 보이는 것이 당연한 것이 아니며, 그가 있기에 내가 있음을 어찌 모를까요?

이 세상 우주 만물이 나임을 모르는가? 전체가 나인데 내 것은 뭐하러 찾는가? 모든 것이 갖춰져 있는데 마누라 기침 소리마저 짜증이 나더란 말인가? 좀생이 마음에 업의 굴레는 언제나 벗어나나, 몸에 배인 이놈의 뱃심 좋은 한가한 여유는 언제나 정신이 들려나? 마누라 떠나고 나면 배짱은 누구에게 부리려 하나? 그러면서도 마누라 보는 눈매는 날카롭기만 한 것이, 남아있는 바람이 아직도 많은가 봅니다.

세상만사

세상이 뭐라 하든 그것은 내 일이 아닙니다.
비워놓은 만큼 보이는 나. 비울수록 보이는 게 커져서
나라고는 하나도 없을 때 온 세상을 다 비춰주시던 아버지.

• • •

내 생각이 이러면 세상도 이러하고 내 생각이 저러면 세상도 저러하
니 세상만사 다 제 생각 탓입니다.

가는 길을 막아서는 행인이 불편할 때면 그이도 날 보고 불편할
것입니다. 모두가 다 '제 눈의 안경'이라, 제 생각에 갇혀 삽니다.
"저이는 왜 저럴까?" 하지만 "넌 왜 그리 못하느냐?" 물으면 딱히
할 말도 없습니다. 내 생각일랑 아버지께 다 맡겨놓고 아무 생각
없이 주신 그대로 살 수 있다면, 세상이 왜 이런지 궁금해하지 않고
일어나는 그대로 볼 수 있다면, 누구의 일이든 못마땅할 일은 없습니다.
마누라의 퉁명스러운 말투도 그럴 만하니 그럴 것이요, 바람이 왜

부는지 묻지 않듯이, 세상에 관여할 일은 없습니다.

남에게 가르칠 것이 있다고요? 이 세계에 살면서 저 세계에 있는 사람을 가르친단 말인가요? 바람 불어 좋은 얘기나 하면서 서로 정을 나누며 살 일입니다. 각자가 자기 세계의 이야기를 하면서 하소연이나 하면서 살 일입니다.

나와 같은 생각을 하는 사람은 아무도 없습니다. 마누라도 제 얘기뿐이고 나도 내 얘기만 하겠죠. 세상만사가 다 그럴 뿐입니다. 아버지 뵈오면 혹시 알 수 있을까요?

세상이 뭐라 하든 그것은 내 일이 아닙니다. 나는 그저 나인 나를 볼 뿐입니다. 비워놓은 만큼 보이는 나. 비울수록 보이는 게 커져서 나라고는 하나도 없을 때 온 세상을 다 비춰주시는 아버지, 하나로 온전히 있는 세계 속에 이 세상을 함께 보여주시곤, "아들아! 네가 있을 곳을 알겠느냐!" 세상을 드러내어 세상만사가 다 그럴 만하여 그러함을 보여주십니다.

나를 그냥 있는 그대로 놔둘 수 있다면
나에게 바라는 것이 아무것도 없을 수 있다면
나를 홀연히 떠나 당신 곁에 가 있겠지요.

세상이 뭐라 하든 그것은 내 일이 아닙니다.
나는 그저 나인 나를 볼 뿐입니다.
비워놓은 만큼 보이는 나.
비울수록 보이는 게 커져서 나라고는 하나도 없을 때
온 세상을 다 비춰주시는 아버지,
하나로 온전히 있는 세계 속에 이 세상을 함께 보여주시곤,
"아들아! 네가 있을 곳을 알겠느냐!"
세상을 드러내어 세상만사가
다 그럴 만하여 그러함을 보여주십니다.

울음

울면서 '나' 홀로 있을 때 비로소 '나'를 만나게 됩니다.
울면서 느껴지는 속 시원함이 집 나간 아들이 돌아왔을 때의
아버지 심정이 아닐까요?

• • •

눈물 같은 순수함도 없을 것입니다. 속의 속을 확 휘젓고는 하염없는 푸념의 목소리를 대변하는 눈물. 회한도 한도 다 풀어헤쳐 모든 것을 비워내는 눈물. 서러워 울기보다는 자신의 응어리를 다 풀어내려는 듯 입술을 악물고서, 가슴속을 흐르는 눈물의 강을 따라 모든 것을 띄워 보내는 울음. 누군가를 붙잡고 울 수 있으면 좋으련만, 내 눈물은 내 것이어서 내 가슴을 적실 뿐, 누구도 함께할 수 없습니다. 누구도 나와 함께할 수 없음을 느낄 때 외로움도 원망도 한도 없이 모든 것을 풀어내려 가슴으로 담아내는 울음. 비로소 순수하게 나만이 있는 시간을 마련하는 울음. 무슨 연유이었든 울고 있는 마음은 순수하

게 홀로 있습니다. 나 혼자임이 그리도 시원하고 속이 풀어질 줄 몰랐건만, 울음은 모든 걸 포용하는 촉매제인가, 실컷 울고 나면 속이 시원하게 풀립니다. 울음이 보약입니다.

울 때의 마음처럼 순수하게 혼자 있으면 모든 것이 비워짐을 느낍니다. 밖이 없는 시간이기에 울 때는 밖의 것을 찾지 않고, 신세 한탄을 하다가도 어느샌가 내게로 돌아와서 '나' 혼자 있습니다. 내가 나와 같이 있는 시간입니다. 얼마 만이던가 나와 같이 있던 때가. 나는 왜 '나'와 같이 있지 못하고 밖의 것과 함께할까? 그러고선 서럽고 서러워서 깊은 눈물의 강이 흐를 때에야 비로소 '나'를 찾아오는가? 내가 나를 찾음이 이리도 어려운 일인가? 내가 '나'라고 믿으면서 '나'는 어디에 두고 밖으로만 나다니는가? 참으로 역경에 처하지 않으면 '나'는 버려두고 밖으로만 내달리니 '나' 찾아보라고 '울음'을 주셨나 봅니다.

내가 '나'에 있으면 그리도 속이 시원히 풀리는데, 울 때에만 나에게 돌아오고, 좋고 흥겨울 땐 집 나가 돌아다니는 것은 밖에서 가지고 집으로 돌아오겠다는 심보인지 모르지만, 밖에 취해 집을 잊어버리고 있다는 걸 모르고 있습니다. 내 안의 것을 밖에서 찾으니 있을 리 만무하건만 밖의 것을 탐하느라 고생만 하다 인생을 허비합니다. 그래서 상처喪妻의 쓰라림이라도 당해야 정신을 차린다고 말하나 봅니다. 왜? 좋을 땐 모르다가 쓰라린 아픔이 와야 자신을 찾을까요? 왜? 나를 놔두고 무엇을 찾으려 할까요? 나는 내 안에 있는데 나는 어디서 찾으려 밖으로 나다닐까요? 성령도, 불성도, 그리스도도, 붓다도, 그리고 '나'도, 다 내 안에 있는데, 밖에서 찾을 것은 하나도 없는데 밖으로만 나다닙니다. 몸이라는 상을 '나'라 여기고 그 몸을 지키려 밖에서 사냥하여 먹을 것을 가져오던 습성이, 밖에서 가져와 봐야 아무런 쓸모없이 짐만 된다는 걸 모르고, 밖으로 나다니는 업의 굴레를 벗어나지 못하고 있습니다.

울 때의 마음을 상기하여 봅시다. '나' 혼자이지만, 외롭거나 '나'만을 생각하는 에고에 있지는 않지 않나요? 속이 뻥 뚫리는 속 시원함을 느끼며 모두를 이해하고 포용하는 마음이 일지 않나요? 울고 나면 시원합니다. 왜일까요? 내가 내 안에 있기 때문입니다. 내가 내 집에 있으니 마음이 편한 거죠. '무소의 뿔처럼 혼자서 가라.'라는 말이 이기주의로 느껴진다면 다시 한 번 울어 보세요. 혼자서 감은 모든 것을 다 비워내고 삶에 내맡기는 것입니다.

무인도에 있다고 혼자 있는 것은 아니지 않습니까? 내가 남과 같이 있을 때 나는 누구입니까? 울면서 '나' 홀로 있을 때 비로소 '나'를 만나게 됩니다. 울면서 느껴지는 속 시원함이 집 나간 아들이 돌아왔을 때의 아버지 심정이 아닐까요? 내가 내 안에 있을 때를 느껴보라 울음을 주셨지만 울 때뿐 돌아서 남이 되는 '나'는 언제나 찾을까요? 나 홀로 있다 함은 모든 욕망을 떠나 그 어떤 것과도 함께하지 않고 오로지 내 안의 '참나'에 있다는 말입니다. 시장 한복판에 있어도 나는 나와 있어야 합니다. 스승과 함께 있어도 나 없는 스승은 '나'가 아닙니다. 부처를 만나면 부처를 죽이고 조사를 만나면 조사를 죽여야 합니다.

눈물의 소중함은 눈물이 아니라 그 속에 내가 있기 때문입니다. 다 내려놓고 나면 후련한 마음이 일고 평온이 찾아옵니다. 그럼에도 불구하고 뭔가 찾아 떠나서는 평온하지 않음을 한탄합니다. 평온을 원하면서 평온을 떠납니다. 살기 위해서라 말하지만 뭘 위해 사나요? 잘 산다 함이 무엇을 의미합니까? 잘 먹고 즐기면서 살기를 원한다면 고락이 하나임을 보십시오. 혼자 있음은 나의 모든 사념을 떠나 내 생각이 없이 있는 그대로에 내맡기고 있는 것입니다. 무인도에 있어도 생각이 뭍에 있으면 뭍이듯이 '당신은 어디에 있느냐?' 묻고 있는 것입니다. 혼자 있어 자기만을 생각하고 자기만을 위해 사는 것이 아니라, 마음을 내려놓고 나면 모든 것을 받아주던 울 때의 경험에서 많은 것과 함께함을 봅니다. 나의 모든 생각을 벗어나 '나 없음'이 되면 전부와 함께합니다. 진실로 혼자 있으면 그 어떤 생각도 없이 홀로 있으면 아버지와 함께 있습니다. 울고 있을 때 혼자인 것처럼 진정한 내 안에 있으십시오.

"깊은 울음을 울어본 적이 없다면 아직 명상을 시작하지도 못한 것이다."　　　　　　　　　　　　　　　　　—아잔 차

허무함

원하는 마음에서 떠나 원할 것이 하나도 없음을 보세요.
내가 얼마나 기특하고 장엄한지 보세요.
나에 얽매어 있지만 않으면 아버지의 사랑 안에 있습니다.

• • •

모든 것을 투사하여 함께 하다가 어느 날 홀연히 떠나버리면
남는 것은 메울 수 없는 허무함뿐입니다. 먼저 가는 것이, 남은 이의
나중이 되는 것 말고는 별다른 일도 아니련만, 왜 떠나야만 하는지,
무엇을 가지려 했는지, 무엇을 지키려 했는지, 간직하여 어찌하려
하는지, 도무지 알 수 없는 허무함. 비고 없는 마음. 비움이 삶의
가치련만, 허무함에서 온 비움은 절망으로 채워져 벼랑의 나락으로
이끕니다.

온전한 비움은 모든 것을 감싸 안아 전체와 하나가 되게 하지만,
허무함은 그 자리를 절망이 차지하여 모든 것을 덜어내어 무의욕과

비탄만이 남습니다. 물기마저 말라버린 고목이 되어 쓸쓸히 그 자리를 메우고 있을 뿐, 남은 것은 없이 절절히 스며드는 허무함. 비움이 허무로 채워짐은 절망의 나락이요, 온전히 비워 아버지께 감은 천국이라. 지옥과 천국이 이를 말하는가 봅니다. 원하는 것이 채워지지 않아 비워진 허무와 없음을 보고 비어 있음이 실체임을 아는 차이, 그것은 지옥과 천국의 차이만큼 큽니다.

사랑의 유, 무가 지옥과 천국이라, 지금껏 지켜온 것을 비우려 하면 에고는 저항으로 받아들여 더욱 죄책감에 시달리게 우리를 내몰고 우울감에 젖어 들게 합니다. 밖에서 찾음은 허망함뿐임을 바로 보고 내 안을 보아야 합니다. 생각을 떠나려는 생각을 해서도 안 되고, 나를 잊으려 날 이용해서도 안 됩니다. 비움은 나를 포기하는 것. 오는 생각에 나를 내맡기고 오직 있는 그대로 보는 것입니다. 내가 쫓고 추구해 온 것은 모두 에고의 작품으로, 허상임을 철저히 깨닫지 않으면 허무함에 빠지기 쉽고, 고통의 비탄에 자신을 내맡기며 고통의 환희를 즐기게 되기도 합니다.

허무는 허무를 낳고
그것이 무슨 비움이라도 되는 양,
고독을 씹으며 홀로 걷는 외로운 인생길인 양,
아름다움으로 포장하여 즐기고 있음도 모르고 빠져들어서는,
자신을 자책하는 악순환에 젖어 들고,
밖에서 일어난 일을 자기 것으로 미화합니다.
그리고 그곳에 앉아 있습니다.

에고에 나를 내맡기면 세상을 분리하여 판단하게 하고, 낭연한 듯이 그럴 수밖에 없었던 이유와 사정을 잘도 찾아내어 정당성을 부여하죠. 평온은 어디에 있는가? 그래도 그곳에 머물 것인가? 밖에 있는 것을 잃을수록 허무함에 빠지기 쉽지만, 그것이 밖의 것임을 알아차리면 내 것이 아님을 봅니다. 내 것이 아닌 것을 내가 어찌할 수 있을까요? 나는 나일 수밖에 없어서 내가 내 안에 있을 때 허무함이 달콤하게 다가서는 일은 없습니다.

원하는 마음에서 떠나
원할 것이 하나도 없음을 보세요.
내가 얼마나 기특하고 장엄한지 보세요.
모든 것이 다 갖춰진 나입니다.
나에 얽매어 있지만 않으면
아버지의 사랑 안에 있습니다.

혼란

나 너머의 참나!
에고마저 포용하고 전 우주를 감싸고 있는 무한의 나!
혼란은 혼란으로부터 참나를 찾아 자유를 얻습니다.

• • •

혼란은 얽매임에서 벗어나 있는 것입니다. 아직 기회가 있는 것이며 구원의 길입니다. 남의 해답에 얽매이지 않고 남의 생각에 휘둘리지 않은, 아직은 자유스러운 상태이죠. 의문을 제기하고 진실과 거짓을 판별하고자 노력 중이며 진실을 안다고 주장하는 이들로부터 거리를 두고 찾고 있는 상태입니다.

이제는 찾는 일에서 보는 일로 자세 전환이 필요합니다. 생각하지 않고 그저 있는 그대로 보는 것이죠. 그것은 내가 없음에서, 나를 떠나서, 나를 비우는 데서 일어납니다.

찾기 위한 수많은 방법들은 다 밖의 일입니다. 그 많은 방법들에서 만족할 만한 답을 얻지 못하는 까닭은 밖에서 찾기 때문입니다. 참나는 내 안에 있는데, 밖에서 찾던 생각에 가로막혀 보지를 못합니다. 에고가 가지고 있는 신념을 버리고 그 생각을 내려놓고 비울 때, 비로소 찾지 않고 보게 됩니다. 내 생각이 에고의 생각임을 인지하고 그것이 다 거짓임을 깨닫는 것입니다. 우리가 옳다고 여기는 것은 그른 것에서 옳은 것이라고 가려낸 것일 뿐입니다.

에고가 진실처럼 포장하는 것은 너무도 정교하여 우리를 자꾸자꾸 밖으로 내몰아 나를 분리하게 하고, 그것이 너무도 자연스럽게 여겨질 정도가 됩니다. '항복 기제, 자기 포기, 놓아버림, 내려놓기, 방하착放下着' 이들은 모두 나를 내려놓고 비움에 이르는 길을 이르는 말입니다. 그럼에도 불구하고 혼란이 일어나는 까닭은 에고에 저항하기 때문이죠. 그 생각을 내려놓으려 하면 에고는 바로 우리가 저항하는 것을 알아차려 우리를 더욱 세차게 흔들어 놓습니다. 여기에 혼란이 따르죠. 내려놓으려 하면 할수록 혼란은 더욱 가중되어 자책에 이르고 더욱더 찾으려 헤맵니다. 에고의 힘에 저항한 결과입니다.

그래도 혼란스럽다면 아직은 희망이 있습니다. "아버지, 옳음에서, 판단으로부터 우리를 구원하소서!"

혼란은 그 생각을 내려놓으려고 애쓰는 데에 있습니다. 그 생각을 내려놓으려 하지 말고 수용하여 '그 생각에 항복하고, 자기 생각을 포기하여' 에고가 하는 대로 포용하여 지켜보아야 합니다. 붙잡지 않고 내버려 두면, 잡으려는 나를 내려놓으면, 그것은 제 갈 길로 스스로 알아서 갑니다.

"그 생각이 없다면 당신은 누구일까요?" 하고 물으면, 그 너머에 있는 참나를 만나게 됩니다.

모든 것을 수용하는 참나!
나 너머의 참나!
에고마저 포용하고 전 우주를 감싸고 있는 무한의 나!
혼란은 혼란으로부터 참나를 찾아 자유를 얻습니다.
무심無心은 해결하지 못할 것이 없습니다.

갈등

갈등은 자유의 표출이며 대립하는 가치에서 일어나는 자기표현입니다.
'주의主義'에 매몰되지 않고 다른 길도 있음을 주장하는 것으로
자유의 길에 서 있는 것입니다.

• • •

혼란은 얽매임에서 벗어나 있는 것이며, 남의 해답에 얽매이지
않고 남의 생각에 휘둘리지 않는, 아직은 자유스러운 상태입니다.
구원의 길에 서 있습니다.

갈등은 자유의 표출이며 대립하는 가치에서 일어나는 자기표현입
니다. '주의主義'에 매몰되지 않고 다른 길도 있음을 주장하는 것으로
자유의 길에 서 있는 것입니다.

혼란과 갈등이 갈 길을 저해한다고들 하지만, 가는 길이 어느
길인지 과연 알기나 하고서 혼란이니 갈등이니 하는 건가요? 획일화의
길을 화합이라 포장하곤 하지만, '나를 없이 하는 화합'이 무슨 의미가

있을까요?

언제나 젊은이들을 염려하는 어른들이 있었지만 역사는 발전하여 왔고, 이쪽이 있으면 저쪽은 반드시 있게 마련이어서 양쪽의 얘기가 다 나와야 합니다. 자유의 힘은 다른 가치를 인정하여 같이 상생하는 데 있는 것이며, 갈등이 있어서는 안 되는 것이 아닙니다. 세대 간의 갈등이 없는 것이야말로 진정 염려해야 할 일입니다. 진보와 보수의 갈등이 발전의 원동력이기 때문입니다. 갈등의 조정이 필수적인 과정처럼 보일지 몰라도, 조정이 인위적이면 옳음의 경계를 낳고, 옳음은 배척해야 할 대상을 잉태하여 폭력으로 발전합니다. '하지 말고 보아야 함'이 이것이며, 아버지의 뜻에 따라 해석하고 판단하지 않음이 참된 길입니다.

젊은이의 얘기를 들으며 나의 생각이 일방적이었음을 반성하게 되고, 양쪽 얘기를 들으며 보다 합리적인 방향을 모색하게 되는 것이 아닐까요? 변하는 세상에서 정해진 게 무엇이겠습니까? 가고 가고 또 갈 따름입니다.

혼란과 갈등은 진리 찾음의 길이요, 자유에의 지름길입니다.

모름지기 신의 일에 간섭하지 말지니….

"주를 경외함이 곧 지혜요 악을 떠남이 명철이라 하셨느니라"(욥 28:28).

질문의 힘

?

예수와 석가는 모든 것에 의문을 제기하여 평온을 어지럽히고
우리의 세계관을 뒤흔듭니다.
진실을 찾을 수 있는 길은 질문에 있습니다.

• • •

대답에 안주하기보다 질문이 주는 새로움에 약동하는 삶이 싱그럽습니다. 대답은 보이는 것의 얘기이고, 질문은 보이지 않는 세계로 나아가게 하기 위해 나를 미지의 세계로 이끄는 첩경입니다. 대답은 이미 있는 것으로 누가 해도 되지만, 질문은 오로지 나만의 얘기를 찾기 위한 것입니다. 대답은 자신의 답을 찾기보다는 다른 사람들의 답으로 자신을 채우려 하는 것으로, 대답을 통해서는 자신의 얘기를 찾을 수 없습니다. 삶에 대하여, 행복함과 평안함과 사랑에 대하여, 다른 사람의 얘기를 되풀이해서는 결코 해답을 얻을 수 없습니다. '나는 누구인가?'에 대해서 얻을 수 있는 해답은 오직 자기 자신

안에서만 일어날 수 있으며, 그것은 질문에 의해서만 찾을 수 있습니다.

대답은 안전하지만 질문은 안전하지 않습니다. 다른 사람의 답을 받아들이는 건 안전하고, 이데올로기는 안전하고, 신학은 안전하여, 우리를 편안하게 해주고 감싸주리라 여기기 쉽지만, 나를 밖에다 내맡기고서는 진실을 찾을 길이 없습니다.

질문은 어떤 정의보다 경험에 더 가까이 데려갑니다. 질문은 우리가 어떤 것을 찾는 자리에 더 가까이 데려갑니다. 정의는 대답으로 만족할 수 있지만, 질문은 경험의 단초를 제공하여 체득하게 하는 원동력이 됩니다. 체득되지 않은 관념은 우리를 옳음의 굴레에 얽매이게 할 뿐입니다.

보이는 나에서 보이지 않는 나를 찾아야 진실을 볼 수 있고, 영적 경험을 할 수 있습니다. 신앙의 체계를 가지고 있다 하더라도, 끊임없이 교리 너머로, 단순한 관념 너머로 손을 내밀어, 진실에 눈을 떠야 합니다. 불편함을 떠나서 평온을 찾으려 하는 내가 보일 때마다, '무엇이 나의 진실(실상)이냐?'고 물어야 합니다. 에고는 합리화의 귀재라서 좀처럼 진실을 드러내어 보여주려고 하지 않지만, 진실을 찾으려고 하는 가운데 영감이 떠오르죠.

질문이 갖는 힘은, 불안정함과 영감을 경험하면서 우리가 추구하는 깨우침에 다다를 수 있다는 데에 있습니다. 밖에서 찾지 않고, 내 안에서 내게 있는 참을 찾으려는 질문을 하면 자각의 문이 열립니다. 대답에 안일하게 안주해왔던 편안함을 벗어나 불안정한 위험에로의 모험을 떠나면, 관념의 굴레를 벗어나 내면의 공간을 열어주며 빈 공간을 채워줍니다. 절대를 긍정하는 공空에 내맡기면, 공空이 됨과 동시에 전체로 가득 채워지게 됩니다.

대답에 안주하지 않은 예수와 석가는 '합의된 현실'에 질문을 던지고 합의된 현실 문화에 순응하지 않습니다. 모든 것에 의문을 제기하여 평온을 어지럽히고 우리의 세계관을 뒤흔듭니다.

진실을 찾을 수 있는 길은 질문에 있습니다. '모든 것에 질문하라.' 그렇게 할 때 진실이 발견되고 평온과 자유는 내 것이 됩니다.

보이는 나에서 보이지 않는 나를 찾아야
　진실을 볼 수 있고,
　　영적 경험을 할 수 있습니다.
　신앙의 체계를 가지고 있다 하더라도,
　　끊임없이 교리 너머로,
　　　단순한 관념 너머로 손을 내밀어,
진실에 눈을 떠야 합니다.
　　불편함을 떠나서 평온을 찾으려 하는 내가 보일 때마다,
　　　'무엇이 나의 진실(실상)이냐?'고 물어야 합니다.

이 뭐꼬

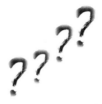

모든 문제는 '나 있음'에서 비롯되므로 묻고 또 물어야 합니다. 에고로부터
휘둘리지 않으려면 묻는 길이 최선입니다.
생각이 일어날 때마다 "이 뭐꼬?" 물어야 합니다.

• • •

묻고 또 물어야 합니다. 우리가 진실에 접근하는 길은 묻는 길이
최선의 길입니다. 앎이 우리를 속이고 있음을 명심해야 합니다. 앎에
넘어지는 경우가 얼마나 많은가요? 앎이란 개념의 정립인 바, 개념은
개념만큼의 거리를 두고 우리를 상대합니다. 우리가 사용하고 있는
언어는 개념이 서로 다른 만큼 각자에게 다른 의미로 전달될 수밖에
없습니다. 같은 말을 한다고 같은 의미가 아닙니다. 같은 말을 사용하면
같은 의미로 받아들이고 있다고 여기지만, 사람마다 과거가 달라서
받아들임도 다 다릅니다.

힘을 좇아가는 사람들이 많지만 저마다 속내는 다 달라서 힘의

내용이 천차만별입니다. 돈이 많으면 좋으려니 생각하지만 그 쓰임새는 달라서, 어떤 이는 구제를 위해 많은 돈을 원하지만 어떤 이는 남을 지배하려고 많은 돈이 필요하고, 많을수록 더 큰 힘을 얻게 된다 여겨서는 자족할 줄을 모르게 됩니다. 치유의 힘을 얻게 되면, 자신을 드러내고픈 마음과 싸우느라 여간 갈등을 느끼는 게 아니지만, 가진 힘을 사용하고픈 마음은 쉽사리 진정되지 않습니다. 하나님의 말씀을 증거하려 치유의 기적을 나타냄도 힘의 사용은 마찬가지여서, 하늘나라를 깨닫기보다는 기적의 놀라운 힘을 따르려고 합니다. "가난 구제는 지옥 늦(징조)이요, 인간 구제는 지옥 늦이라." 새겨들어야 할 말입니다.

우리는 신께 많은 것을 원합니다. 원하는 바를 다 이루어 달라고 기도하고 또 기도하지만, 알고 보면 제 하고픈 대로 할 수 있는 힘을 달라는 것입니다. 초능력을 찾고 구하고 추구하기도 합니다. 초능력을 얻어서 뭘 할지는 묻지 않습니다. 뭣 때문에 초능력이 필요할까요? 천년을 살면 행복할까요? 오랜 수명을 누려서 뭘 하려는지요? 식색食色의 즐거움에 오랜 시간을 보내면 행복할까요? 오래 살면 죽음이 오지 않나요? 천년쯤 지나면 그땐 어찌하시렵니까? 바르고 늦음이 무슨 차이가 있을까요? 기뻐함은 탐욕이 있다 함인데 행복이 같이 할까요?

다른 이들의 지배자가 되면 행복할까요? 역대의 임금들이 과연 행복을 누렸을까요? 그렇다면 석가는 왜 왕궁을 빠져나왔을까요? 많은 이를 거느리고 부려보아도 제 입속의 혀처럼은 되지 않습니다. 검은 머리 곁에 두고 뭘 얻으려 하나요? 천하를 얻은들 하늘나라만 하겠습니까? 지배하려 들기보다는 함께하는 마음으로 서로 사랑함이

보다 평화롭지요.

생사여탈의 힘을 가져 남들을 심판하려 하십니까? 정의를 내세워 악인을 벌하고 의인을 앞세워 살기 좋은 세상을 만들려 함은 이미 충분히 살기 좋은 세상을 자신의 뜻에 합당한 세상으로 만들려 함입니다. 정의를 내세우지만 눈에 거슬리는 사람을 없애려는 마음 때문인 경우가 더 많습니다. 우리는 자유롭고 모든 것을 충분히 가지고 있어서 원할 것이 하나도 없습니다. 더 가져서 뭘 하려는지 스스로 물어보아야 합니다.

나는 다른 사람을 괴롭히려 하지 않습니다. 나는 다른 사람을 지배하려 하지 않습니다. 나는 다른 사람을 구제할 필요를 느끼지 않습니다. 그 일은 그 사람 스스로의 일입니다. 세상이 공평하지 않음은 왜인지 모르지만, 그것은 신의 일이지 내 일은 아닙니다. 나는 나의 일을 하면서 나의 길을 갈 뿐입니다. 지금 나에게 있는 것 말고 더 가지고 있을 필요가 전혀 없습니다. 더 가지려 함은 남 위에 서서 남들에게 자신을 드러내려 함이겠지요. 뭣 때문에 남의 인생에 뛰어들려 하는지 모르겠어요.

남을 지배하려 할 것도 없고 가르치려 할 것도 없는데 힘이 왜 필요한지 모르겠습니다. 남이 나를 위해危害하려는 것으로부터 자신을 방어하기 위해서는 힘이 필요하다 하지만, 당신은 다른 사람에게 해를 끼칩니까? 나는 아니 하는 일을 다른 사람은 할 것이라 여김은 무슨 생각입니까?

십자가의 고난을 겪으신 예수님도 그리스도의 길을 갔습니다. 다른 사람을 대속함이 아니라 자신의 길을 간 것입니다. 아무 잘못도 없이 희생당함이 안타까워 그들을 물리치고 우뚝 서서 정의를 외쳐주기를 바라지만, 그 또한 힘의 논리일 뿐 평화와는 거리가 멀어서, 평화의 길, 사랑의 길을 가신 겁니다. 하나님은 이렇게까지 길을 안내하며 충분히 주십니다. 무엇이 더 필요한가요? 힘을 가지면 사용하고 싶은 욕망을 이겨낼 자신은 있습니까? 힘을 원하기보다는 힘이 없어 시험에 들지 않음에 감사하십시오. 하나님이 주신 것보다 더 원할 것이 없습니다. 두려울 것도 없어서 자유입니다.

> "나는 아무것도 바라지 않는다.
> 나는 아무것도 두렵지 않다.
> 나는 자유다."

니코스 카잔차키스의 묘비명입니다. '나'를 드러내려 하기에 모든 문제가 발생하고, 문제를 해결하기 위해 힘이 필요해집니다.

원하지 않아도 될 것을 구하고 원하여 하나님께 간구하지만, 이미 충분히 주신 아버지께서 더 주실 일은 없습니다. 깨달음의 길을 걷는 중에 다소간의 힘을 얻는다 해도 그것은 지극히 미미하며, 사용하여 일어나는 폐해가 오히려 더 큽니다. 사랑의 힘보다 위대한 것은 없습니다. 사랑의 아버지께 무엇을 더 원하나요?

모든 문제는 '나 있음'에서 비롯되므로 묻고 또 물어야 합니다. 에고로부터 휘둘리지 않으려면 묻는 길이 최선입니다. 생각이 일어날 때마다 "이 뭐꼬?" 물어야 합니다. 내 생각을 믿지 않음이 생각의 시작이어야 합니다. '나'를 없이하고 없이하여 '나 없음'의 세계를 보아야 합니다. 그것은 실로 말할 수 없습니다. 그것은 스스로 드러납니다. 그것이 신비스러운 것입니다. '나 없음'에서 드러나는 신비의 세계.

'법성원융무이상'(法性 圓融 無二相: 형상과 본질이 한데 통하여 아무 구별이 없으니 두 가지가 아니다.) 의상 대사의 법성게는 이 말이 전부입니다. 모든 것이 원융하여 둘이 아닌 하나이다. 모든 것이 '나'인데, 필요한 것이 있겠습니까? 모든 것이 '나'이어서 사랑뿐입니다. 모두가 하나인 절대세계를 보고자 한다면 "이 뭐꼬?" 묻고 또 물으십시오. '나 없음'이 진리입니다, 하늘나라입니다.

잔소리

분리된 것은 없습니다. 모든 것을 다 내주고 나면
분리할 것이 없습니다. 모두가 하나이며 하나이기에
사랑하지 않을 수 없습니다.

• • •

잔소리의 사전적 의미는 쓸데없이 자질구레한 말을 늘어놓음. 또는
그 말입니다. 쓸데없는 말입니다. 그럼에도 우리는 왜 잔소리를 해댈까
요? 무엇이 그리도 안타까워 쓸데없는 말을 늘어놓을까요? 관심과
사랑이라 포장하지만 쓸데없는 관심이요 사랑의 폄하입니다. 자신의
뜻대로 해주기를 바라는 이기심의 발로를 사랑으로 포장하고서 상대
의 뜻은 아랑곳하지 않는, 할 필요 없는 쓸데없는 말, 잔소리.

어떤 것들을 좋은 것으로 보면 다른 것들은 나쁜 것이 됩니다.
자기의 생각에 불과하지만 아름다움은 정해져 있는 듯이 믿고서
잔소리를 해대는 것입니다. 무슨 배짱으로 자신의 옳음을 주장할까요?

자기의 생각에 걸맞고 자기에게 이로우며 자기가 해본 일에 부합하지 않으면 불편함을 느끼고선 잘못됐다고 여기는 것입니다. 지금껏 살아온 관행과 문화로부터 거리가 생기면 여간 불편한 게 아니어서 자기처럼 살라고 통제하고자 하는 것입니다. 다른 사람의 삶에 간섭하는 어처구니없는 일을 하면서도 옳은 일이라 여기면서 가르치려 달려드는 것입니다.

나는 가르칠 것이 있다는 생각을 어떻게 할 수 있을까요? 어떻게 어떤 것이 다른 것보다 못하다고 믿을 수 있을까요? 기쁨은 슬픔을 예비하고, 은혜는 원망을 낳으며, 선은 악을 잉태하는데, 옳고 그름이 어디에 있다는 말인가요? 인간 구제는 지옥 늦(징조)이요, 가난 구제는 지옥 늦이라, 보시의 어려움이 얼마나 큰지 모르고 자기 생각을 앞세워 옳음을 주장하나요? 남을 가르치려 함은 타인의 인생에 관여하는 것입니다. 부모 말 들으면 부모처럼 넘어집니다. 모두가 스스로 깨우쳐 가는 것을 굳이 가르치려 들 일은 없습니다.

떠오르는 생각은 모두 다 내 생각입니다. 내 생각은 믿을 것이 못 되어 '이 뭐꼬?'를 부르짖으며 떠오르는 생각을 탐구하는 것만이 참을 찾아가는 길입니다. '이 뭐꼬'는 내가 나에게 던지는 물음이며 잔소리도 가르침도 아닙니다. 선이란 하나님과 하나 된 자리일 뿐입니다. 다른 모든 것은 나의 관념에 불과하며, 많이 알면 알수록 분리만 더해갈 뿐 참과는 거리가 멉니다. 옳음이 있다는 믿음이야말로 우리가 경계해야 할 첫째 과제입니다. 옳음은 그름을 반드시 창출하여 배타해야 할 어떤 것을 만들고 정쟁의 소용돌이에 휘말리게 됩니다.

앎을 내려놓으세요. 옳음은 없습니다. 선, 악을 택하려 하기보다는 모든 것에 양쪽 면이 다 포함되어 있음을 보세요. 선을 택하고 보니, 악에 서 있는 그이가 안타까워 잔소리를 하게 되고 쓸데없는 말을 하는 것입니다. 옳음에 갇혀 있기에 더 좋은 것을 보지 못합니다. 이해하고 함께해야 하는 즐거운 시간이 가르침의 시간이 되어 쓸데없는 시간이 된 것입니다.

내 생각을 믿으면 '있는 그대로' 보지 않고 상반되는 것으로 나누어 봅니다. 분별은 잔소리를 낳고 가르치려 들지만, 잔소리 듣고 변하는 사람은 없습니다. 그 사람도 그 사람의 생각이 있기에 그 사람의 세상에 있습니다. 나와 그이가 하나가 되는 길은 내 생각을 믿지 않는 것입니다.

내가 없어야 합니다.
'나 없음'에서 '있는 그대로' 보며, 둘이 아닌 하나이기에
어떤 것도 분리되지 않습니다. 분리된 것은 없습니다.
모든 것을 다 내주고 나면(내 생각이 하나도 없으면)
분리할 것이 없습니다. 모두가 하나이며
하나이기에 사랑하지 않을 수 없습니다.
이제 잔소리마저도 사랑스러워 그러려니 합니다.
잔소리는 더 이상 잔소리가 아닌
아름다운 음악과 다를 바가 없습니다.
모두가 하나입니다.

초능력

⚡

필요한 힘은 아버지께서 이미 다 주셨습니다.
지금 있는 것 말고는 필요한 것이 하나도 없습니다.
지금 있는 것으로 충분함을 보세요.

• • •

남보다 더한 능력을 가지고 무엇에 쓰려는지 생각해 보셨나요?
물 위를 걸어서 초능력을 발휘함은 소금쟁이보다 나을 것이 없고,
공중 부양을 하여 사람들의 이목을 집중하여 찬사를 받는다 하더라도
파리만도 못하련만, 무얼 하려 물 위를 걷고 공중부양을 하려 할까요?
남 위에 서서 남을 지배하려는 일 말고는 아무리 생각해도 알 수가
없습니다.

백범 김구 선생님은 서윤복 선수가 보스턴 마라톤대회에서 우승했
다는 소식을 듣고는 환호하기보다, 달리기로 말하면 말이 더 뛰어나다

고 했습니다. 우승한 선수만이 조명을 받는 것에 대한 안타까움의 표현이었겠지요. 뛰어난 능력으로 남을 위해 봉사하려 한다면 그 능력이 없이도 충분하고 그러한 모든 것은 아버지께서 이미 다 주셨습니다. 아버지께서 주신 것보다 더 가지려 함은 자기를 나타내려는 욕심일 뿐입니다.

힘이 많으면 나를 찾아오는 사람들이 나를 보러 오는 것이 아니고, 내게 있는 힘을 보고 오기에 진정한 마음이 없는 것이니, 만에 하나 힘이 떨어지는 날에는 나는 어디에 있을까요? 힘이 많을수록 할 일이 많을 것처럼 여기지만 어디에 어떻게 사용할 것인지는 생각해 보셨나요? 당신이 할 일은 당신을 위하는 일 말고는 할 일이 하나도 없습니다. 남을 위하는 일이 얼마나 부당한 일인지 생각해 보세요. 그래서 생각해 낸 것이 식색食色을 마음껏 누려보고자 하는 환락에 불과한 것은 아닌지요? 그곳에 만족이 있을까요? 끝없는 목마름에 허우적거리고 고작 자기보다 힘이 부족한 사람을 경멸하는 것으로 위안을 삼는 생활이 힘이 없는 것보다 낫다고 여기는 마음입니까? 힘이 많을수록 불편할 뿐이라서 '무거운 짐 진 자들아 다 내게 오라, 내가 너희를 쉬게 하리라.' 말씀하시는 예수님을 보고는 있으신가요?

"죄에 대하여 깨우친다고 함은 세상 사람들이 나를 믿지 않기 때문이요, 의에 대하여 깨우친다고 함은 내가 아버지께로 가고 너희가 나를 더 이상 못 볼 것이기 때문이요, 심판에 대하여 깨우친다고 함은 이 세상의 통치자가 심판을 받았기 때문이다"(요 16:9-11).

다윗은 왕이 된 후 밧세바를 취하여 충직한 부하를 죽이고, 밧세바의 아들인 솔로몬에게 왕위를 물려주어서 압살롬을 죽게 하고는 "압살롬아! 압살롬아!" 자식을 부르며 통곡합니다. 힘을 남용한 자가 겪는 노년의 비통함을 보고도 힘을 원하십니까? 힘 가진 자가 힘을 남용하면 심판을 당합니다. 다 준 것을 외면하고 아버지를 떠나는 것이 심판을 불러옵니다. 나무의 뿌리가 나무를 지탱하고, 물이 아래로 흘러 바다로 하나가 되듯이, 참 가치는 위에 있는 것이 아니라 아래에 있는 것입니다. 우리의 눈에 티 나지 않는 주부와 청소부가 삶의 근본입니다. "섬김을 받으러 온 것이 아니라 섬기러 왔노라." 예수님의 말씀입니다. 섬기기 위해 필요한 힘은 아버지께서 이미 다 주셨습니다. 지금 있는 것 말고는 필요한 것이 하나도 없습니다. 지금 있는 것으로 충분함을 보세요. 필요 이상의 힘이 화근임을 확실히 보십시오.

"하나님이 그 해를 악인과 선인에게 비추게 하시며, 비를 의로운 자와 불의한 자에게 내리우심이니라"(마 5:45). 선한 자나 악한 자나 공히 사랑하시는 하나님께서 누구에게 힘을 더 주시겠습니까? 누구를 택하여 일을 하게 하시려고 힘을 주신다 함은, 택하심을 입은 은총이 더욱 빛나게 하려는 자기 드러냄입니다. 오히려 시련을 주어 스스로 깨닫게 하시는 아버지께서, 아들 중에 누구를 편애하시겠습니까? 편애해야 할 만큼 힘든 아들이라면, 그 아들은 얼마나 가여운 자이겠습니까? 일어나는 모든 일은 나를 위해 일어나며 좋은 일입니다.

"구하기 전에 너희에게 있어야 할 것을 하나님 너희 아버지께서 아시느니라"(마 6:8). 사랑의 아버지께서 누구를 가려 힘을 더 주시겠습니까? 그렇게 믿는다면, 그는 참으로 가여운 자입니다. 다 주신 아버지께 힘을 달라 구하지 말아야 합니다. 특별함같이 보이는 것은 일시적인 현상일 뿐입니다. 번개가 치고 큰 고목이 쓰러짐은 '자연현상'이요, 탁월한 능력을 발휘하여 왕위에 오름은 '신비한 능력'입니까?
왕위에 올라 하고자 하는 일이 아버지 일이라면, 그 일은 아버지께
맡기고 당신은 내려오십시오. 모세가 모압 땅에서 죽어 여호와께서
약속하신 땅에 들어가지 못하고 여호수아에게 대신하게 한 것은,
이스라엘 자손에게 왕이 필요하지 않으므로 필요하지 않은 힘을
회수한 것입니다. 선지자로서 족하던 이스라엘 자손들이 사울을 왕으
로 뽑아놓고 난 후 겪은 시련을 보십시오. 우리에게 힘은 필요치
않습니다. 필요한 것은 아버지께서 이미 다 주셨고 그 이상의 힘은
화를 불러옵니다.

모세의 율법을 떠나 섬기러 오신 예수님의 사랑을 깊이 느껴
보세요. 힘은 전혀 필요하지 않습니다. 아버지와 함께함이 사랑이요,
참살이입니다.

행복과 즐거움

진시황도 힘을 잃고, 스티브 잡스도 힘을 잃었지만,
어머니는 영원합니다. 내가 어머니요, 하나님 아버지와 하나입니다.
나만 없으면 그리됩니다.

• • •

유럽을 제패한 황제 나폴레옹은 죽을 때 "내 생애에서 행복한
날은 6일밖에 없었다." 고백했습니다. 그러나 눈이 멀고 귀가 먹었던
헬렌 켈러는 "내 생애 행복하지 않은 날은 없었다."고 말했습니다.
널리 회자되는 얘기입니다. 이렇게 대비되는 일화를 보고도 즐거움과
행복을 혼동하여, 즐거우면 행복하리라 착각하며 즐거움을 찾아 나서
는 일을 멈추지 않습니다.

즐거움에는 허망함이 따르지만, 행복에는 감사가 따릅니다. 승리의
화신인 나폴레옹이 승자가 될 때마다 얼마나 즐거웠을까요? 하지만

그는 행복하지 않았습니다. 보지도 듣지도 못하는 헬렌 켈러에게 즐거운 일이 있을 수 있었을까요? 보지도 듣지도 못하는 그녀에게 즐거운 일은 무엇이었을까요? 생각해 보면 쉽게 찾아지지 않습니다. 그녀는 보고 듣는 즐거움 대신 설리번 선생님의 사랑을 느끼고, 나 아닌 남과 하나됨으로 살았습니다. 나는 나로 있는 것이 아니라, 선생님이 계시기에 내가 있음을 체험으로 알게 되었기에 나 혼자만으로 있는 게 아님을 깨달은 행복한 여인입니다. 나폴레옹뿐만이 아닙니다. 올림픽에서 우승한 금메달리스트들 중에 남은 생애 동안 내내 행복을 누렸던 사람이 얼마나 될까? 의문이 많습니다. 승리의 순간에 만끽하는 기쁨은 잠시일 뿐인데, 뒤따르는 허무함은 무엇으로 치유했을까요? 금메달도, 지난날의 영광도, 오히려 회한일 뿐임을 우리는 우리의 삶에서 잘 알고 있습니다. 즐거움 뒤에 오는 허망함은 우리를 과거에서 헤어 나오지 못하게 합니다.

경쟁에서 이기는 것이 선善인 것 같아도, 진 사람을 배려하지 않아도 되는 것은 아닙니다. 1등만 있고 2등 이하의 사람은 없을 때, 순간의 기쁨은 다음에 경쟁의 장으로 내몰리어 긴장만이 감돌게 됩니다. 휴식도 없이 삭막함에 내던져지는 약육강식의 삶의 현장에서 즐거움 말고 무엇을 찾을 수 있겠습니까?

행복하고 싶은가요? 행복은 잠깐 동안만 지속되는 즐거움에 있지 않습니다. 행복은 더불어 사는 데에 있습니다. '더불어 삶'은 나만으로는 이루어질 수 없습니다. 내 뜻과 같은 사람들도 내 뜻과 다른 사람들도 함께하는 것으로, 그가 있기에 내가 있음을 깨달아야 합니다.

태양이 없이, 지구가 없이, 숲이 없이, 작물이 없이, 물이 없이,

모래가 없이 우리가 존재할 수 있을까요? 하물며 이웃이 없이 내가 어떻게 존재하겠습니까? 나락 한 알 속에 우주가 있습니다. 나만으로 존재할 수 없음을 일컬어 무아無我라 합니다. '나만 있는 게 아니라, 전체로 하나 되어 있다.', '하나이다'라는 뜻입니다.

무념無念 또한 생각 없음이 아니라, 이것저것 비교하는 마음이 없다는 뜻입니다. 있다 없다도 없고, 옳고 그름도 없고, 좋고 싫음도 없고, 모두가 하나이어서 비교할 것이 없다 보니 '생각할 것이 없다'는 말입니다. 나도 있고 생각도 있지만 나라는 마음을 떠나 '나 없음'에 있으라는 뜻이고, 그것이 더불어 사는 길이라는 뜻입니다. "자기를 부정하고 십자가 지고서 나를 따르라." 하신 예수님 말씀이 이것이며, 이것이 바로 '사랑의 길'입니다.

물론 그게 쉬운 일일 수는 없을 것입니다. 지금껏 살아온 습관을 버리라는 얘기인데, 쉬울 리가 있겠습니까? 다만, 즐거움에서 벗어나 행복하고 싶다면 헬렌 켈러처럼 보지도 듣지도 못하게 되기 전에, 언젠가는 그리될 터이니, 너무 늦기 전에 '나'를 내려놓고 '나 없음'의 길을 가자는 얘깁니다.

나이가 들면 힘이 떨어져 예쁜 여자를 보아도 마음뿐이지 몸은 따르지 않게 되고, 먹는 것도 시원치 않게 됩니다. 즐거움 찾아다닐 힘조차 남아 있지 않게 될 것이 뻔합니다.

즐거움을 찾는 것은 힘을 좇는 길입니다. 힘은 소멸하여 허망함만을 남겨놓고 아무것도 남겨놓지 않음을 알아야 합니다. "정승집의 개가 죽으면 사람들이 문상을 가도 정작 정승이 죽으면 문상을 가지 않는다"

는 속담을 귀에 닳도록 들어서 이미 충분히 알고 있지만, 미련이 남고 습관이 남아서 허우적대고 있는 것이겠지요. '하던 짓 개 못 준다'고, 남이 하는 운동경기를 보면서라도 승패의 희열 속에 몸담고 싶어 열광하고, 부자가 과연 행복한지도 모르면서 부자 얘기에 열을 올리는 것이지요. 힘이란 소멸하게 마련이라는 것을 뻔히 보면서도 잃어버릴 것을 찾아 잃어버리는 일을 되풀이합니다.

사랑하면 할수록 사랑은 커집니다. 오래전의 일이라도 사랑했던 기억은 우리를 감동시키고, 다시 태어나게 합니다. 부활이죠. 절대 소멸되지 않습니다. 그 길을 걸으신 예수와 석가가 그리스도와 붓다가 되어 우리를 부르고 있습니다.

즐거움이 나쁠 것이 없다는 생각은 심심한 것보다는 낫다는 얘기인데, 언제까지 그 길을 걸으시겠습니까? 진시황도 힘을 잃고, 스티브 잡스도 힘을 잃었지만, 어머니는 영원합니다.

내가 어머니요, 하나님 아버지와 하나입니다. 나만 없으면 그리됩니다. 그리되는 길을 몸소 보여주신 예수님을, 원하기만 하면 들어주시는 하나님께 기대어 편히 살고픈 사람들이 죽였죠. 그래도 부활했습니다. 사랑은 그런 것입니다.

건강해서 무얼 하겠습니까? 즐거움에 건강이 필요해서 건강을 찾나요? 건강해서 무엇을 할까 생각해 보세요. 참을 찾는 데에 필요한 건강이라면, 그 건강을 찾으십시오.

무념無念이란 생각 없음이 아니라,
이것저것 비교하는 마음이 없다는 뜻입니다.
있다 없다도 없고, 옳고 그름도 없고, 좋고 싫음도 없고,
모두가 하나이어서 비교할 것이 없다 보니
'생각할 것이 없다'는 말입니다. 나도 있고 생각도 있지만
나라는 마음을 떠나 '나 없음'에 있으라는 뜻이고,
그것이 더불어 사는 길이라는 뜻입니다.

용서와 화해

우리를 자유롭게 하는 것은 "진실"입니다.
남이 없는 나는 존재할 수 없다는 진실을 외면하기에,
나를 중심으로 남을 배척하기에, 삶이 괴로운 것입니다.

• • •

형제가 잘못하면 일곱 번 정도 용서해주면 됩니까? 아니다. "일곱 번씩 일흔 번이라도 용서하라." 용서는 남에게 잘못이 있기 때문에 하는 것입니다. 용서라는 행위에는 내가 있고 그가 있기에 하나가 아니라는 것을 바탕으로 합니다. 나에게는 남의 잘못을 책망할 권리가 없다는 거룩한 생각에 고무되어 용서라는 것을 사랑의 크기를 재는 잣대로 여기기 쉽습니다. 용서를 남에게 베푸는 일로 여기면서, 자신의 옳음을 내세우는 근거로 삼기도 합니다. 하지만 옳음이란 자신의 마음이 만들어낸 발명품으로, 그 누구도 용서할 일은 없습니다. 옳음이 없기에 잘못한 것도 없어서, 용서할 것이 없습니다. 실상은 내가 나를 용서하는 것이고, 남에 대한 잘못된 생각을 내려놓는 것입니다. 다른 사람과는 아무런 관련이 없습니다.

남을 용서하는 것이 아니라 나를 용서하는 것입니다. 그에 대한 잘못된 생각을 내려놓고 그와 화해하는 것입니다. 용서는 나를 하고, 남과는 화해를 하는 것입니다. 형제의 잘못을 용서하는 것이 아니라, 형제를 잘못 본 나를 용서하는 것입니다. 형제의 잘못은 내 생각에서 오는 것으로, 형제와 나를 분리하여 나를 중심으로 생각하기 때문에 '용서를 할 수 있느니 없느니' 하는 기특한(?) 발상을 하게 됩니다. 모두가 하나이기에 남이라는 생각이 들 때마다 나를 용서하고 나에게 기회를 주어야 합니다.

'나는 죄인'이라는 각인된 주술에서 벗어나, 내가 얼마나 위대하고 고귀한 존재인지 깨닫는 용서가 필요합니다. 남과 나를 분리하여 남을 판단할 때마다 그 잘못을 용서하고 화해하기를 일곱 번씩 일흔 번이라도 해야 합니다. 에고와 내가 분리되어 에고를 따를 때마다 용서하고 화해해야 합니다. 천상천하유아독존입니다.

세상을 보는 눈이 달라지면 선과 악의 조건이 달라집니다. 자신의 성장만을 앞세워 남이 보이지 않는 사람과, 모두가 하나여서 공생하고자 하는 사람 사이에 무슨 해결점이 있겠습니까? 설혹 그들의 길이 다르더라도 진실은 드러나기 마련이어서 스스로 깨닫거나, 많은 사람이 등을 돌리거나, 그들의 길에 비협조적으로 대하게 될 뿐, 그들을 적대시할 필요는 없습니다. 그들도 우리와 하나이기에, '우리는 하나로 엮여진 존재'라는 참을 떠나 행복할 수는 없습니다. 헛되고 헛됨을 알아서 참을 보는 길이 있음을 알고, 그래서 평화의 길로 나아감이 우리가 할 일임을 깨닫고 함께 손잡고 가는 것입니다. 그것이 화해의 길입니다.

사실 용서란 없는 것입니다. 내가 나를 용서함은 알아차림으로 충분하여 용서할 것이 없습니다. 화해만이 진정한 용서일 수 있습니다. 그가 누구이든 진정으로 나일 수 있는 것은, 그를 받아들여야 비로소 가능해집니다. 상대를 조건 없이 받아들일 때 화해가 이루어집니다. 전날의 잘못을 용서한다 함은 잘못이 있음을 전제하는 것으로, 진정한 화해라 할 수 없습니다. 지난날은 잊고서, 전날을 묻어두고 앞으로 나아가자는 것이 아닙니다. 우리가 하나이기에 더불어 살아감이 마땅하여 평화롭게 살아가자는 것입니다. 시시비비를 가리고, 용서하는 가운데에는 분리가 따르기에 하나가 되기 어렵습니다. 용서할 것이 없음을 보고, 조건 없이 화해하는 것입니다.

'진실'이 우리를 자유롭게 합니다. '남이 없는 나는 존재할 수 없다'는 진실을 외면하기에, 나를 중심으로 남을 배척하기에, 삶이 괴로운 것입니다. 나와 남을 분리하여 내가 있다는 망상으로 크게 배려하는 듯이 '용서한다'고 하지만, 자기를 놔두고서는 진정한 용서가 있을 수 없습니다. 내가 없으면 그가 나이기에 용서하고 말 것도 없어서 사랑만이 흐릅니다. '나 없음'이 진실이요, 그 진실을 보는 것이 용서요 화해입니다.

마음의 층

깨어서 살피지 않으면 언제 달아나버릴지 알 수 없는 지혜와 마찬가지로
환경 또한 가꾸고 돌보아야 합니다. 환경이 우리와 하나입니다.
홀로 있을 수 있는 것은 하나도 없습니다.

• • •

　잭 콘필드는 그의 저서 《깨달음 이후 빨래감》에서, 미국의 심리학자
들이 달라이 라마를 만났을 때의 경험을 이야기합니다. 달라이 라마는
그들에게 서양의 불교도들이 겪는 공통적인 어려움이 뭐냐고 물었습
니다. 가장 많이 언급된 것이 '자기혐오'였습니다. 달라이 라마의
반응은 믿을 수 없다는 표정이었습니다. 왜냐하면 티베트 문화에서는
자기혐오라는 것이 아예 존재하지조차 않았기 때문입니다. 그는 그
심리학자들에게 일일이 물어보았습니다. "당신도 자기혐오를 경험했
습니까?" 거의 모든 사람들이 그렇다고 대답했다고 합니다.

자기혐오는 어디에서 오는 것일까요? 자기혐오는 대부분, 자신에 대한 고정관념에서 옵니다. 오늘의 지구인들은 자신의 생각 속에 빠져서 옆은 쳐다볼 겨를도 없이 앞만 보고 달려가는 브레이크 없는 기관차처럼 쉬지도 않고 달려가기를 멈추지 않습니다. 다른 누군가가 되기 위해, 또는 다른 어딘가에 도달하기 위한 경쟁 앞에서, 마음의 여백은 사치로 전락하고 맙니다. 어쩌다 경쟁이 최고의 미덕이 되었는지 모르겠습니다. 이제는 '무한 경쟁'까지 옳음의 길인 양 내세워서 효율의 극대화를 위해서는 사람마저 재화로 여기는 지경에 이르렀습니다. 승자만이 존재하고 패자는 보이지 않는 세상에서 경쟁에서 밀려난 대다수 사람들이 자기 능력을 한탄하며 '자기혐오'에 빠지지 않을 수 없는 구조가 굳어져가고 있습니다.

'나' 대신에 '나의 스펙'을 내세워야 하는 상품화된 삶을 살아가면서도 거부반응도 없이 당연히 여기게 된 이 마음의 층을 어찌해야 뒤돌릴 수 있을까요? '나는 가치 있는 상품'이라고 내세우는 웃지 못할 슬픈 현실을 어찌해야 바로잡을 수 있을까요? 생명의 가치가, 삶의 가치가 경쟁에서 이긴 과실로 대체될 만큼 협소해져도 되는지 모르겠습니다. 우리는 더없이 장엄하고 존귀한 존재이거늘, 힘을 내세워 누릴 수 있는 것이 무엇이길래 자신의 가치보다 위에 놓으려 할까요? 안전을 확보하기 위해서라 하지만 헬렌 켈러는 말합니다.

"안전이란 십중팔구 미신이다. 자연에는 그런 것이 존재하지 않는다. 그래서 길게 보자면 위험을 피하는 것보다는 차라리 그것에 맞서려고 하는 것이 더 안전하다. 삶이란 '위험을 무릅쓴 모험'일 뿐, 그 외에 그 아무것도 아니다."

편리함이 평온만 할까요? 성공이란 어딘가에 이르렀다는 이야기입니다. 어떤 곳에 이르러 하고자 하는 일이 무엇인가요? 당신이 하고픈 일이 편안하고 안락한 가운데에 여유로운 삶을 누리고자 하는 것이라면, 그러면 행복한지 물어나 보세요. 자유와 평화는 내 안에 있습니다. 밖에서는 찾을 수가 없습니다. 경쟁에서 이기든 지든, 그곳에는 자유와 평화가 없습니다. 부족함이 전혀 없이 모든 것이 다 갖춰진 지금의 나에게 무엇이 더 필요하겠습니까?

의식주가 해결되고 난 후에 꾀하는 경제 발전은 편함을 추구하기에 오히려 근심과 고뇌가 더욱 많아져서 향락으로 대체하려 들지만 불행의 늪만 더욱 깊어지는 것을 우리는 목도하고 있습니다. 경쟁이 발전의 원동력이라는 믿음은 어디에서 비롯된 얘기일까요? 발전이란 무엇을 의미하는 것일까요? 과학의 발전이 가져온 환경 파괴가, 경쟁에 내몰리어 삶이 피폐해지는 것이, 발전의 의미는 아닐 것입니다. 삶이 얼마나 더 충만해지고 자유로우며 평온해지는가가 문제일 것입니다. 생활은 풍요로워지는데 마음은 불편하다면, 생각을 깊이 해볼 문제입니다. 행복하고 싶다면 진정 필요한 것이 무엇인지 물어보아야 합니다. 서로가 서로를 존중해주는 곳에서는 자기혐오라는 문화가 존재하지 않겠죠. 더불어 사는 삶이라야 서로를 인정하고 존중하며 우리가 하나임을 느낄 것입니다. 우리는 모두 그물코처럼 하나로 엮어진 그물과 같습니다.

김규원 서울대 약대 명예교수는 〈독보적 암 과학자가 14년 암투병 하며 알게 된 것들〉(「신동아」, 2020년 9월호)에서 이렇게 얘기하고 있습니다.

"이 지구상 생물의 거의 대부분은 미생물이다. 인간을 비롯한 다세포 생명체는 극히 소수에 불과하다. 최근 연구 결과에 따르면 장내 세균이 인간의 다양한 질병과 관련돼 있다는 사실이 밝혀지고 있다. 몸 구석구석의 특정 세균을 어떻게 제거할지에서 지구상의 모든 곳에 퍼져 있는 미생물과 어떻게 공생할지로 관점을 확대할 필요가 있다. 우리는 세균을 병원균으로만 파악해 박멸해야 한다는 좁고 직선적이고 단선적인 시각에서 벗어나 내 몸과 미생물이 서로 연결된 고리 모양 관계라는 인식을 가질 때가 됐다."

미생물과도 공존 공생해야 하는 인식의 확장이 필요한 지금, 같이하지 못할 것이 무엇이겠습니까? 그래도 경쟁해서 이겨야 하겠습니까? 서로 이끌어주는 관계가 훨씬 더 확장성이 있는 게 아닐까요? 혼자보다는 둘이 나음은 자명한 사실인데, 굳이 상대를 배척함은 어떤 연유일까요? 세상 사람들은 대리만족을 통해서라도 승자 독식에서 오는 쾌감을 얻으려고 애씁니다. 협력에서 오는 밋밋한 자극은 감성을 이끌기엔 역부족인가 봅니다. 도박판에서 느끼는 흥분을 실생활에서도 느끼고자 함인지, 생활 속에 파고든 경쟁의식은 남을 배려하기보다는 승패의 갈림길에서 오는 흥분과 긴장을 고조시키나 봅니다. 긴장이 좋을 것도 없으련만 긴장의 흥분상태는 마약성을 갖고 있어 긴장 상태에 있으려 하나 봅니다. 승패가 결정되어 승과 패가 나누어지기를 기다리곤 합니다. 승패 없이 함께 공존하기를 거부하는 것인지 승패의 결과를 중시합니다. 조금만 멀리 보면 경쟁보다는 협력이 더 나은 미래를 가져다주리라 확신하게 됩니다.

모든 위기 극복은 경쟁보다는 화합에서 이루어졌습니다. 함께 합심하여 이루어나갈 때의 힘이 진정한 큰 힘이 되어 위기를 극복하게 한 것입니다. IMF 때의 금 모으기나, 코로나19 사태로 대구에 비상이 걸렸을 당시 전국에서 모여든 의료진의 자원봉사활동에서 우리는 이미 경험한 바가 있습니다. 그럼에도 불구하고 우리 사회는 진보와 보수 양 진영으로 나뉘어 자신들의 옳음만을 내세우며 승패를 결정지으려 하는 경향이 농후합니다. 상대는 물론 나의 안위마저 도외시한 채 이기면 모든 문제가 해결되는 듯이 여깁니다. 노아의 홍수가 와도 이기고는 볼 일인 것처럼 경쟁의 소용돌이 속에 있습니다.

코로나19 사태뿐만이 아니라 기후변화에 따른 각종 자연재해를 겪고 있으면서도 저마다 자신의 생각 속에 잠겨 현실을 보지 못합니다. 엄청난 위기가 닥쳐오고 있음에도 협력하여 극복하기보다는 경쟁해서 살아남으려 합니다. 공멸의 길을 가고 있는지를 모릅니다. 마음의 간격이 이리도 벌어져서 공멸의 위기의식을 공히 느끼기 전에는 우리는 하나가 될 수 없는 것일까요? 벌써 늦었다고, 위기라고 외치는 선각자들의 다급한 목소리에 귀 기울이는 사람이 거의 없어 공허한 메아리가 되고 있습니다.

자비와 사랑이 우리를 인도하고 있습니다. 아버지께서 주신 이 자연을 다스리라는 말씀을 왜 정복하고 지배하라는 말로 이해할까요? 잘 돌보고 가꾸어야 한다고 해석하는 것이 마땅한데, 지배하려 하다 보니 환경 파괴를 당연한 듯이 여기게 되고, 활용이라는 이름으로 지배의 논리가 만연합니다. 실망스러운 일이지만 삶의 제일의 가치인 지혜도 끊임없이 가꾸고 돌보지 않으면 곁에서 멀어져 갑니다. 깨어서 살피지 않으면 언제 달아나버릴지 알 수 없는 지혜와 마찬가지로 환경 또한 가꾸고 돌보아야만 합니다. 인간과 자연의 영역이 분리되어 있지 않습니다. 환경이 우리와 하나입니다. 홀로 있을 수 있는 것은 하나도 없습니다. 어쩌면 코로나19 바이러스와도 함께 해야 될 공동운명체가 될지도 모릅니다. 자연과 우리가 둘이 아닌 하나일 때 지구에 평화가 깃들 것입니다.

분별하고 분리하는 앎에 있기보다는 알 것이 없는 하나임에 있으십시오. 당신과 내가 하나인데 알아야 할 것이 있을 수 있나요? 우리는 하나로 있을 뿐입니다. 그렇게 '있는 그대로' 서로를 사랑해야 합니다. 그가 나이기에 우리들의 마음의 층은 없습니다.

티베트의 서書

가는 곳마다 내 집이 있다면 짐을 들고 다닐 필요가 없듯이,
천상천하유아독존인데 짐은 뭐하러 들고 다니겠습니까.
다 내려놓아도 충분합니다. 움켜쥐고 있으면 움켜쥔 만큼뿐입니다.

• • •

티베트인들에게는 자기혐오라는 말이 없습니다. 티베트의 문화에
는 자기혐오가 없기 때문입니다. 척박한 땅에 살면서도 인간 존중
생명 존중의 문화가 인간의 욕망을 잠재우고 있기 때문이며, 대대로
물려받은 땅을 더 늘리려고도 하지 않고 나누어 독립하려고도 하지
않으며 물려받은 그대로를 가꾸고 경작하며 살아갑니다. 부족한 물품
은 유목과 상거래로 충당하면서도 자신들의 삶에 비애를 느끼거나
절망하는 일이 없기에 자기혐오의 문화가 없습니다. 티베트의 어느
지역에서는 장남이 결혼하면 그의 아내를 형제들 모두가 공유하는데,
이렇게 분가를 하지 않으면 집안의 땅이 분할되지 않을 뿐만 아니라

공동의 아내가 들어와서 오히려 살림이 좋아진다고 느끼기에 불만이 없습니다. 적어도 그런 결혼제도 자체에 불만은 없습니다. 그러한 티베트 문화를 미개하다고 보는 문명 세계의 사람들은 대다수가 자기혐오의 경험을 가지고 있는데, 티베트에는 자기혐오 문화가 없습니다. 장사 길에 나서면 몇 달을 추위와 자연의 위험 속에서 보내건만 자기혐오는 없습니다. 편하고 안락한 생활을 영위하는 문명 세계의 사람들에게 있는 자기혐오가 티베트인들에게는 없습니다.

문명세계의 편안하고 안락한 환경을 누리면서도 자기혐오라니, 도대체 어찌 된 일일까요? 욕망의 불은 그렇게 무서운 것입니다. 욕망의 끈을 풀어놓은 자본주의 폐해가 욕망에 기름을 부어 활활 타오르게 한 것입니다. 네팔과 티베트에 자본주의 문화가 스며들고 있고, 그런 곳은 문명 세계와 똑같은 갈등을 겪고 있습니다. 일부일처제에 생활은 편해지고 안락해지는데, 삶은 팍팍합니다. 영성은 퇴보하여 만족을 모르고, 그렇게도 맑던 눈동자는 뿌옇게 흐려졌습니다. 환락이 좋아서, 인간 본능에 순응함이 마땅하다는 생각이 들고 일어나서, 일처다부의 문화에서도 찾아볼 수 없었던 불륜이 사회적인 문제가 되었고, 돈의 노예가 되어가고 있습니다.

무엇을 위한 안락함일까요? 행복하기보다 안락하기를 원하십니까? 풍부해진 현대인들은 즐거움을 위해 소비하다 보니 즐거움 찾아다니는 데 열중하고, 즐거움은 항상 일시적이라 곧 허망함에 떨어져서 괴로움을 호소하며 자기혐오에 빠지게 됩니다. 나보다 귀하고 존엄한 존재가 어디에 있겠습니까? 왜 어떻게 자기를 혐오하게 될까요?

돈과 행복은 아무런 관련이 없습니다. 믿기지 않겠지만, 척박한 땅에서 가난에 찌든 삶을 살아가던 티베트인들에게는 자기혐오의 문화가 없었습니다. 60년대에 배고픔에 시달리던 우리 민족에게도 자기혐오는 없었습니다. 손자를 위해 배고픔을 참아가며 자신의 몫으로 주어진 음식을 남기곤 하시던 우리네 할아버지들도 커가는 손자를 보며 돈에 매달리지 않았습니다. 그렇게 굶주리면서도 살기 위해 발부둥치며 자살을 생각하지 않았습니다. 살고 싶지 않을 만큼 불행하지 않았습니다. 저 먹고살 것은 가지고 태어난다고 하면서 생명의 소중함을 가치로 여겼지, 태어날 자손의 인생을 염려하지 않았습니다. 가치가 전도되어 사람보다 돈이 소중하게 되니 자손의 인생마저 돈 없음의 불행을 물려주고 싶지 않은 황막한 세상이 된 것입니다. 그러면서도 살아가는 데 필요한 모든 것을 충분히 주신 하나님 아버지의 은혜를 모릅니다. 필요 이상의 것을 원하고 있는지를 모릅니다. 원하는 마음만 없으면 충분히 행복한 줄을 모릅니다.

우리는 깨어야 합니다. 삶의 목표가 무엇인지 생각해 보아야 합니다. 그러기 위해서는 지금의 내 생각을 떠나야 합니다. 내 생각에 잠겨 있으면, 다른 것을 볼 수 없습니다. 돈에 매달려 있는 나를 어디로 데려갈까요? 돈 아닌 다른 곳으로 데려갈까요? 나의 행복으로 데려갈까요? 생각을 내려놓는 것이 과제입니다. 자기의 생각을 믿지 않아야 되고 그 생각들이 잘못되었음을 깨우쳐야 합니다. 이것을 '자기부정'이라 합니다. 이것이 '나 없음'의 세계입니다.

여기에 이르면 어려워지기 시작하여 더 이상 앞으로 나아가려 하지 않는데, 참으로 안타까운 일입니다. 아무리 어려워도 행복하고 싶다면 가야 할 길이건만 어렵지 않다는 말을 믿으려 하지 않습니다.

가진 돈을 잃을 것 같은 두려움이 앞서고 또다시 돈에 매달리게 된 자신을 합리화하기 위해 자신의 생각에 매달리곤 합니다. 나의 생각을 부정할 뿐 잃을 것이 전혀 없다고, 생각을 내려놓고 보다 중요한 것을 찾아보라고 하는 말을, 돈에 매달려 있기에 돈을 버리라는 말로 해석합니다. 그 돈 그대로 가지고 돈 외의 다른 세상도 보라고 해도 가진 생각을 내려놓으려 하지 않습니다.

예수, 석가의 가난한 삶에 거부반응을 일으키면서 그들도 먹고 자고 입고 살았음은 외면하고, 그들의 가난은 필요 없는 짐을 내려놓은 것임을 모릅니다. 필요 없는 짐을 무엇 때문에 잔뜩 짊어지고 다니겠습니까? 깨닫기 위해 버린 것이 아니라, 깨닫고 보니 필요 없어서 버린 것입니다. 버린 만큼 더 자유로워져서 그리도 좋은데 짊어지고 다니겠습니까? "무거운 짐 진 자들아 다 내게 오라." 하신 말씀이 불편하면, 그냥 가지고 다니세요. 다만 내 생각 밖도 보기를 원한다면, 내 생각을 내려놓아야 한다는 말은 믿으셔야 합니다. 그러면 내 생각 또한 그대로 남아서, 내 생각도 내 생각 밖도 같이 보입니다. 그때에 필요 없는 것을 버려도 되기 때문에 돈 버릴 염려를 미리 할 필요는 없습니다. 내 생각과 내 생각 밖의 생각을 같이 보게 되면 새롭게 보이는 것이 너무도 많아서, 그 많은 것을 짊어질 수 없기에 가진 것은 저절로 다 버려지게 됩니다. 그것으로 이미 충분함을 보게 됩니다. 가는 곳마다 내 집이 있다면 짐을 들고 다닐 필요가 없듯이, 천상천하유아독 존인데 짐은 뭐하러 들고 다니겠습니까. 다 내려놓아도 충분합니다. 움켜쥐고 있으면 움켜쥔 만큼뿐이지만, 내려놓으면 전부를 줍니다. 자유와 평화가 깃들어 사랑이 충만한 아버지 집입니다.

갓난아기의 순수한 눈에는 아무것도 없습니다.
그저 '있다'는 것 말고는 아무것도 없어요.
해석하고 판단할 아무것도 없어서 절대 평등,
'있는 그대로'이며, '온전한 있음'입니다.
좋거나 나쁜 것이 있을 수 없음에도
기어이 '있다'고 믿는 데서
갈등과 괴로움은 시작되고,
내가 바라는 걸 애써 추구하면
오히려 분리만 더욱 강화되어
평등은 멀어집니다.

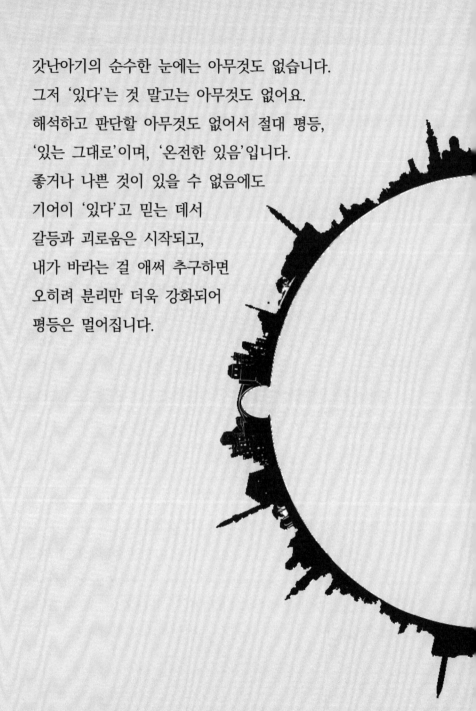

제2부

마음은 도둑이다

좋은 사람 Ⅰ

남을 위해 보시를 하면서 나와 남이 없는 하나임을 보면,
남에게 준 적이 없으니 주고 난 후에 기대 또한 있을 수 없습니다.

• • •

좋은 사람이란 어떤 사람일까요? 좋은 일이란 어떤 일일까요? "자기
애(自愛)를 떠나 남을 위해 이타심을 발휘하는 올바른 사람"이 좋은
사람이라면, 자기애는 그른 것이요, 이타심은 좋은 것인가요? "탐
· 진 · 치(貪瞋痴) 삼독을 멀리하여 자신을 다스리는 사람"이 좋은 사람일까
요? 그렇다면 자신을 다스림이 과연 가능하다 여기는가요?

"좋은 사람"이란, 남에게는 이타심으로, 자기에게는 극기로, 자기애
를 버리고 참고 견디며 슬기롭게 살아가는 사람쯤으로 여겨지는
것인지도 모르겠습니다.

이타심을 발휘하여 많은 이에게 보시함이 과연 좋기만 한 것일까요?

보시는 독립심을 저해하는 요인이기도 합니다. 보시하면서 자기를 드러내어 눈살을 찌푸리게 하는 경우는 또 얼마나 많은가요? 옳은 일을 할 때마다 자신을 드러내려고 옳음이라는 가면을 쓴 채 마지못해 그 일을 하게 되면 피로가 이중삼중으로 더해질 것입니다. 맡겨진 일이라 힘이 들어도 참고 이겨내려고 하게 되면 일 자체보다 마음의 부담이 더 커질 것입니다. '해야 하는 일들'을 위하여 살아가는 것은 자신의 생각이 아닌 누군가에 의하여 만들어진 규범을 좇아서 살아가는 것이니, 자기 자신을 사는 것이 아닙니다.

자아 극기로 선한 행위를 하려 하기보다는 정직함이 더 낫지 않을까요? 착한 사람이 되려고 하면, 참고 견디며 오는 피로가 쌓여 병의 원인이 됩니다. 차라리 할 수 없다고 정직하게 자신을 드러내는 것이 훨씬 더 인간적입니다. 착한 사람이 병에 잘 걸리는 것은, 자기보다 남을 먼저 생각하는 자기애의 부족에서 비롯됩니다.

자애自愛는 본능이라 알아차릴 것이 없다 여기지만, 본능을 억제하는 것이 얼마나 어려운 일이며 스트레스를 주는 일인가요? 본능에 끌려가는 것도 문제지만, 본능을 도외시하는 것도 문제입니다. 있는 그대로 받아들여 환경에 충실함이 보다 자연스럽고, 자연스럽게 살아가는 것이 유연하고 부드러운 태도입니다. 이겨내려 경직되는 것이 문제를 야기하고, 뒤끝을 남기게 되므로 스트레스를 주는 것입니다. 할 얘기 하고, 들을 얘기 듣고, 서로를 인정함이 좋지 아니한가요? 페르소나의 가면을 벗고 정직하게 사는 삶이 이겨내려 애쓰며 사는 삶보다 나을 것입니다. '하라. 하지 말라.'는 계율에 충실하게 사는 것이 목표가 되어서는 안 됩니다. 이루려 애쓰는 것은 쉼을 허락하지 않고 긴장과 열정으로 내몰며 우리를 그 속에 가둡니다. '해야 하는 일들'을 하는 수준을 넘어서지 않고서는 현실을 제대로 인식할 수 없고, 자신의 생각보다는 정해진 윤리 규범에 끌려다니는 삶을 살게 됩니다. 그 상태에 머물러 있는 한 자유와는 거리가 멉니다.

성낼 진瞋자는 '옳음[眞]을 본다[目]'는 의미의 뜻글자입니다. 옳음을 보는데 화가 나는 이유는 웬일일까요? 자기가 옳다고 주장하는 것이 성냄입니다. 옳음이 없다는 사실을 안다면 그름도 없기에 화낼 일도 없겠죠. 보시가 나라는 상相에 물들지 않으면, 옳은 일에 나를 드러내려고 하지 않으면, 행할 뿐 결과에 마음이 없으면, 모든 일은 머무는 바 없이 저절로 흘러갑니다. 머물러 집착함이 문제이니, 머물지 않고 자연스럽게 다음으로 건너간다면, 스트레스가 자리할 틈이 없습니다. 남을 위해 보시를 하면서 나와 남이 없는 하나임을 보면, 남에게 준 적이 없으니 주고 난 후에 기대 또한 있을 수 없습니다. 마음에 남은 것이 있는 이유는 '나'가 있기 때문이라, '나' 없음에는 머무를 것이 없어 그 자리에 자유가 있습니다. 좋은 일이 없으니 좋은 사람도 없습니다. 걸림 없는 대자유입니다.

좋은 사람은 깨달은 지혜로운 사람입니다. 지혜 없이 의무감 때문에 하는 일은 스트레스를 떠날 수가 없습니다. 지혜를 얻으면 물 흐르듯이 자연스럽게 저절로 이루어집니다. '해야 하는 일'이 아닌 '하고 싶어지는 일'을 하게 됩니다. 좋고 나쁨이 없이, 선악이 없이, 있는 그대로 살아갑니다. 그 무엇보다 깨달음이 먼저 있어야 하는 이유는, 모든 일이 그때에라야 진정한 의미를 갖기 때문입니다.

공부는 왜 하는가?

공부하지 마세요.
공부를 하려거든, '없는 것'을 없다고 보는 공부를 해야 합니다.
이 세상 것은 공부할 것이 없음을 아는 것이 진짜 공부입니다.

• • •

'아는 것이 힘이다' 만고의 진리인 것처럼 우리를 몰아쳐 온 무게
있는 말입니다.

알기 위해서는 공부를 해야 했고, 뒤처지지 않기 위해서 밤을
지새워야 했죠. 알지 못하면 낙오자가 된다는 불안함과 알아야 한다는
강박감에 시달리면서도, 왜 공부해야 하는지 묻지도 못하고, 그냥
해야 하는 공부였습니다. 놀아서는 안 되고, 뒤처져서도 안 되고,
온 힘을 다하여 노력하는 것만이 지상 과제였습니다. '자아실현'도
어떤 사람이 되는 거였고, '진리추구'도 이미 있는 것을 인정하는
대답을 하기 위한 공부였습니다.

늦게나마 깨달은 것은, 알아야 돈을 벌 수 있다는 것이었죠. 그런데 돈 버는 데 공부가 그리 중요하지 않더라고요. 피자에 대해 공부를 아무리 많이 해도 피자 맛을 모릅니다. 피자 맛은 먹어봐야 아는 것이지 공부가 아닙니다. '때'를 사는 것이지, 물건을 사서는 돈을 벌 수 없음을 알게 되면 더욱 더 공부를 뭣 때문에 할까, 의심이 샘솟습니다. 돈을 벌려면 장사를 해서 몸으로 익히는 것이 훨씬 더 낫지 않은가? 그리고 익히는 것과 공부하는 것은 확연히 다르지 않은가?

편하게 살기 위해서는 회사나 정부가 주는 대로 받는 월급쟁이가 최고인데, 월급 더 받는 삶을 살기 위해 젊음을 불살라야 하나? 높은 자리에 올라가기 위해 젊음의 시간은 이리 희생해도 되는지? 이런 모든 의문은 세상을 살아가는 데 아무런 실익이 없다는 명분에 밀려나고, 결과적으로 나의 위치가 어떠한지만 남게 되어, 불공평한 세상으로 자리매김한 세상에서 살게 됩니다. 종교에 기대어 봐도, 정의를 앞세워 봐도, 가는 곳마다 운동장은 기울어져 있어서 성직자마저 권력자로 변하여 자리하고 있으니, 열심히 노력하지 않은 '내 탓이요'나 부르짖을 일입니다. 그러다가 돈도 명예도 우리가 그것에 힘을 부여한 탓임을 깨닫고는 그 힘에 저항하여 보지만, 기득권의 힘에 눌려 '기울어진 운동장'은 그대로 존속합니다. 권력도 우리가 부여해 놓고는 거기에 예속되고, 우리 것을 우리 것인지 모르고 남과 함께 휩싸여 '먼저 차지하는 게 임자다.'라는 생각에 쫓기어, 내 것임이 분명한데도 빼앗길까 초조해 앞다퉈 차지하려 달려듭니다. 내 것은 내 것이어서 누구도 손댈 수 없는데도 남의 것마저 차지할 수 있으려니 생각들을 하는지,

쌓아놓으면 썩을 것들을 더 많이 가지려 앞다퉈 달려갑니다.

먹고 사는 데, 그렇게 많은 것들이 필요할까요? 다다익선이라 하지만 많을수록 힘들지 않을까요? 날 보러 오는 게 아니고 내가 가진 돈을 보러 오는데, 권력을 보러 오는데, 나는 뭣 때문에 기분이 좋다고 생각하는지 모르겠습니다. 그래도 이거라도 쥐고 있으니 찾아온다 생각하는지 곧잘 흐뭇해합니다. 그래서 자기보다 많이 가진 자에게는 비굴해지고 덜 가진 자에게는 위세를 떨면서도, 위세 떨 수 있어서 지난날의 노력을 자랑스레 여기는지 모르겠습니다.

그 힘이 다른 사람에게는 아무런 힘을 발휘하지 못함을 안다면 얼마나 좋을까요? 디오게네스와 알렉산더 대왕의 대화만이라도 상기한다면, 힘이라는 것이 원래 없다는 것을 알 수 있지 않을까요? 남에게 발휘할 힘은 없는 것입니다. 나의 힘은 내 것이며 나에게만 적용되는 힘입니다. 살아가기 위해 필요한 자원은 있어야 하기에 노동의 가치를 인정함은 마땅하지만, 의식주를 해결하고 나서도 필요한 것이 무엇일까요? 없는 힘에 기대어 있기에 살기가 힘들고, 어렵고, 고통이 따르는 것입니다. '나 없음'을 보면 없는 나에게 필요한 것이 무엇이 있겠습니까? 하나도 필요 없는 것을 찾아 헤매니 고통이 따르지 않으면 이상한 일이겠지요.

'아무것도 없음'에서 찾으려 애를 쓰니 찾아도 찾아도 찾을 수 없고, '있다'는 믿음은 눈을 가리고, 그래서 없는 것을 찾는 노력이 공부라는 이름으로 우리에게 던져준 과제가 되어 버렸습니다. 없는 것을 그려내느라 상상의 나래가 끝없이 펼쳐지고 공부할 양은 많아져서, 많은 사람을 현혹시키기에 충분한 장場이 마련되어 왔습니다.

과학의 발전이 제 무덤을 파는 일인지도 모르고, 인구의 증가가 가져오는 불균형을 자연의 파괴로 메우려 하다 보니, 동물들과의 적당한 거리도 지나치게 좁혀져서 동물과 인간 간에 세균마저 왕래가 일어나는 일이 일어나게 되었습니다. 인류가 위협을 받고, 고뇌해야 할 일이 많아지니 공부할 양도 많아져서 새로운 시야로 상상의 나래가 더욱 활짝 펼쳐집니다. 과학의 발전과 물질의 풍요가 많은 사람이 깨어나게 하는 데 이바지하여 왔고, 그 때문에 혼란을 겪고 있지만, 우리의 노력이 '자유'를 창출할 수 있었던 것은 '예수, 석가' 같은 선각자의 가르침 덕분일 것입니다.

창의라는 이름으로 없는 것을 찾으려는 노력이 언제까지 이어질까요? 아무것도 없는 곳에서 창의가 일어날 일은 없고, 새로운 문제만 양산할 뿐이지만, '없는 것'을 보지 말고 '있는 것'을 보라는 성인들의 말씀은 '없는 것'을 표현할 수 없어서 '있는 것'으로 표현하다 보니 '없는 것'이 '있는 것'처럼 혼동되어 왔습니다. 이 혼동을 알아차릴 때까지는 공부를 해야 합니다. 혼돈 속에 있으면서 공부를 해야 합니다. 성경과 불경마저 없음의 이야기를 있음의 이야기로 표현한 것임을 알아야 합니다. 그러니 혼돈 상태에 있을 수밖에 없고, 그 틈을 비집고서 성직자의 권력이 태동하게 되는 것이죠. 성직자마저 힘의 대열에 합류하니 힘이 실재하는 것으로 오인하고, 상상 속의 세계는 커져만 가는 것입니다.

공부는 왜 하는가? 혼돈에서 깨어나기 위해서 해야 합니다. 힘을 갖기 위해서 공부해서는 아니 됩니다. 없는 허구의 세상에 더욱 깊이 빠져들어 가는 길이 그 길입니다. 그런 공부를 해서는 안 됩니다.

모든 악의 온상이요, 많은 이에게 길을 잘못 인도합니다. 오늘날 지식인들에게서 탐욕에 물든 못된 사람이 유난히 많은 이유는, 해서는 안 되는 공부를 했기 때문입니다. 지식인들이 힘을 갖게 되면, 탐욕이 노력의 대가인 것처럼, 당연히 누려야 할 권리인 것으로 여깁니다. '아무것도 없는 곳'에서 상상의 관념에 불과한 허상을 붙잡고 쓸데없이 쓸데없는 일을 하는 것입니다.

편해지려 함은 게으름을 추구하는 것입니다. '게으름이 만악의 근본임'을 모르시나요? 편해지려 하기보다는 때를 놓쳐 실농할까 걱정하는 농부를 보세요. 내 할 일을 타인에게 시켜놓고, 당신은 편히 쉬며 무슨 생각을 하십니까? 느긋하게 휴식을 취하면서 누림의 기쁨을 만끽하며 행복하십니까? 아니면 시간이 남는 만큼 잡념이 많아지나요?

공부하지 마세요.
공부를 하려거든, '없는 것'을 없다고 보는 공부를 해야 합니다.
이 세상 것은 공부할 것이 없음을 아는 것이
진짜 공부입니다.
이를 알면 진정한 자유를 누리게 됩니다.
아무것도 없는 곳에서 걸림이 없이 마음껏 활보할 수 있겠지요.
성경도 불경도 제대로 보이고,
모두가 친밀한 아무 조건이 없는 사랑만이 있음을 보게 됩니다.

우리가 원하는 것

지구라는 별에 살고 있는 우주인인 우리가
왜 우주를 떠나 조그만 지구인으로 자신을 축소합니까? 우
리는 우주에 살고 있으며 우주인입니다.

• • •

장난감을 받고서 그것을 바라보고 얼싸안고 좋아하던 아이가 내일
이면 벌써 그를 준 사람조차 잊어버리는 것처럼, 우리는 그리도 원하던
것이 갖춰지면 시들해져 돌아보지도 않습니다. 이 세상 것은 그것을
갖기 전에는 간절하게 원하다가도 그것을 얻은 다음에는 점점 시들해
져 무가치하게 됩니다. 그토록 원하던 여인도 내 여인이 되고 나면
'잡은 고기에 밑밥 주는 걸 보았느냐?'며 안심하고 놔둔 채 다른
여인에게 눈길을 주듯이, 끝없이 새로운 것을 찾아다니다가, 찾으면
시들해져 가치를 상실합니다.

왜 그럴까요? 그것은 원하는 마음과 쌍으로 같이 오는 결핍의

산물이어서 영혼의 만족과는 다르기 때문입니다. 영혼은 외적인 저항과 내적인 수용, 나의 거짓된 자아(제나)와 얼나의 소통, 누군가를 비난해야 할 욕구와 아무도 비난할 것이 없는 자유를 함께 지탱하며, 영원히 사랑하여, 극심한 고통과 자유까지도 함께 공유합니다.

구하고 구해도 부족하여 또 다른 것을 찾아 헤매는 목마름에서 벗어나, 구할 것 없이 이미 충분히 다 갖추어진 아버지 나라를 보면, 물질적 선물을 열 때의 흥분이 몇 분 내에 사라지는 것과는 다릅니다. 그것은 원하는 것이 아니라, 항상 내 것이며, 내 것이라 할 것도 없는, 있는 것을 '있는 그대로' 보는 것이어서 결핍이 들어설 자리가 없습니다. 보는 것으로 충분하고, 더 이상 바랄 것이 없이 모든 것이 갖춰진 황홀한 아버지의 나라에서 하나로 있기 때문입니다.

우리에게 원하는 것이 있음은, 유한한 이 세상의 것이 전부인 줄 착각하고 탐욕을 부리기 때문입니다. 만일 우리가 무한한 세계에 있다면, 탐욕이 자리할 일이 없겠지요. 쌓아도 쌓아도 남아 있는 것이 무한함을 보면, 쌓아놓을 일이 없겠지만, 유한의 세계에서 축적의 본능은 당연한 것이어서 원하고 원하게 되는 것입니다. 목마름은 유한의 세계에 있기 때문입니다. 우리의 눈을 무한 허공으로 돌리면 원할 일이 없습니다. 무한 허공을 보면, 이 세상이 얼마나 작습니까?

협소한 이 세상에서 떠나, 전 우주를 감싸고 있는 광대무변한 허공을 보세요. 원할 게 뭐가 있겠습니까? 자유만이 남아 한없이 홀가분하고 평화가 함께 하겠지요.

우리의 생각을 한없이 키우고 키워서 무한 허공을 보아야 합니다.

그 길은 이곳에 있는 내 생각을 떠나야 합니다. 이곳은 너무 작아 마음을 한없이 키우거나, 생각이 자리하고 있는 '나'를 없이 하는 것입니다. 꽃을 보면 우리는 그 주변의 허공을 보지 않지만, 허공이 없다면 꽃 한 송이인들 어떻게 존재할 수 있겠습니까?

이 지구도 전 우주의 별들이 허공 안에 떠 있는 것 중 하나에 불과합니다. 지구라는 별에 살고 있는 우주인인 우리가 왜 우주를 떠나 조그만 지구인으로 자신을 축소합니까?

우리는 우주에 살고 있으며, 우주인입니다.
유한한 지구를 떠나 무한한 우주에 있으면,
원할 것은 아무것도 없음을 보며 한없는 자유를 만끽하게 됩니다.
'원하는 것이 있다'는 것은 지구인인 좀생이라는 것이니,
장엄한 자신을 다시 보세요.
한없이 펼쳐진 자아, 한없는 우주와 하나인 '나'를 보세요. '
나 없음'의 세계는 전 우주와 하나인 '나'로서
아버지와 함께 있는 '나'입니다.

인생

몸을 수레 삼아 살아오다, 몸을 버리게 되면
무엇을 타고 살아갈지 아직은 모르지만,
새로운 변화에 흥분이 될지언정 슬퍼할 일은 아닙니다.

• • •

100년을 살아본 김형석 교수는 인생의 황금기가 '70에서 90까지'라
고 합니다.

그분의 말대로, 나 또한 70이 넘어서니 이렇게 좋을 수가 없습니다.
이것저것 해볼 만큼 해보아서 궁금할 일도 별로 없고, 웬만큼 살아봐서
알 만큼 알고, 모를 건 모르는 게 좋다는 것도 알아서, 여기저기
기웃거릴 일도 없습니다. 아들은 아버지가 노약해졌다고 걱정하지만,
아들처럼 바쁘게 살고 싶은 마음도 없고, 더욱이 옛날처럼 어리석게
살고 싶지 않아서 젊어지고 싶은 마음은 추호도 없습니다. 그렇게
어리석은 삶을 또 살려고 젊어지고 싶겠어요? 넘쳐나는 힘을 주체하지

못해 여자 꽁무니나 쫓아다니고, 즐거운 일, 재미있는 일, 찾아다니느라 '나'를 돌아볼 시간도 없이 살다가, 이제야 겨우 '나'를 보고 있는데, 무엇 때문에 젊어지고 싶겠습니까?

마누라도 너무나 고맙습니다. 세상에 고맙지 않은 게 하나도 없습니다. 이 세상이 있어 내가 있었고, 철천지원수 같던 마누라는 없으면 안 되는 보물 1호가 됐습니다. 내가 바라는 마음이 많았던 것이 원수였다는 사실을 깨닫고 보니, 마누라 잘못이 아니라 내 원함이 그리도 컸다는 반증일 뿐이었습니다. 원하는 것이 적어지니 진실이 보이기 시작하는데, 원하는 것을 채워야 직성이 풀리는 젊음으로 돌아가고 싶겠어요? 젊을 땐 안 보이더니, 나이 들어 그런지, 노약해져 그런지, 하나씩 둘씩 보이는 게 그렇게 신기하고 좋아요. 살아갈 날이 제법 남아 어리석은 짓을 또 하려나 염려가 되기도 하지만, 살아온 업이 어디 가겠느냐 싶어, 그때마다 알아차리려 챙기면서 살기로 맘 잡으니, 그 또한 그럴 듯도 합니다.

왜 그렇게 바쁘게 살았을까요? 열심히 살아서 뭘 하려 했을까요? 돌아보면 바쁘게 굴어서 이루어진 일은 거의 없다는 것을 알면서도, 그땐 그래야 했기에, 아버지에게 원하는 것이 많은 아들에겐 아무 말도 안 하고, '너도 살아보면 알 일'이라 여기고, 그냥 지켜보기로 했습니다. 내 뜻대로 살아보려 발버둥쳐 보았지만, 노력은 헛된 것이어서 노력으로 이룬 것이 아니라, 어찌어찌하다 여기까지 온 인생이니, 생각할수록 감사만이 남습니다. 늙음이 감사라구요? 그럼요, 여기까지 온 게 얼마인데요! 남은 생도 어찌어찌하다 가겠지만, 찾지 않고 보기만 하기로 했습니다. '있는 그대로' 보면서 내 생각일랑 쏙 빼버리기로 했습니다. 생각 없이 '멍때림'이나 하면서 살려고 합니다.

태어나 여기까지 오는 동안 변화의 세월이 얼마이던가? 이렇게 늙어감에 감사하고, 어디서 왔는지 모르게 왔으니, 어디로 가는지도 모르겠지만, 변화는 끝없이 이어져 죽음의 은혜를 주심에 감사드립니다. 이 세상에서 영원히 산다는 것은 상상하기도 끔찍한 너무도 큰 고통이기에, 죽음의 변화를 주신 은혜가 얼마나 큰지 모릅니다. 탄생 같은 큰 축복도 없겠지만, 여기에서 저기로 건너감이 죽음인 줄 알기에 슬퍼할 것도 없고 두려워할 일은 더욱 아닙니다. 몸을 수레 삼아 살아오다, 몸을 버리게 되면 무엇을 타고 살아갈지 아직은 모르지만, 새로운 변화에 흥분이 될지언정 슬퍼할 일은 아닙니다. 죽음은 이곳에서 저곳으로 건너가는 변화의 한 장에 불과합니다. 우리는 탄생의 고통을 모르고 태어나듯, 죽음의 순간에 고통이 있을지라도, 탄생의 순간처럼 모르는 채 저곳에서 태어날 것입니다.

늦게나마 깨우친 것은, 원하는 것만 없으면 되는 거였습니다. '나의 부재'가 모든 것의 시작입니다. 무아無我, 무아, 무아… '나 없음'이 진리이어서 '부재不在'라는 이름으로 살아가려 합니다.

탄생 같은 큰 축복도 없겠지만,

　　여기에서 저기로 건너감이 죽음인 줄 알기에

　　　슬퍼할 것도 없고 두려워할 일은 더욱 아닙니다.

몸을 수레 삼아 살아오다, 몸을 버리게 되면

　무엇을 타고 살아갈지 아직은 모르지만,

　　　새로운 변화에 흥분이 될지언정 슬퍼할 일은 아닙니다.

죽음은 이곳에서 저곳으로 건너가는

변화의 한 장에 불과합니다.

우리는 탄생의 고통을 모르고 태어나듯,

죽음의 순간에 고통이 있을지라도,

탄생의 순간처럼

모르는 채 저곳에서 태어날 것입니다.

지식인

너무도 자유로운, 거리낄 것이 하나도 없는 확 트인 전체로,
모든 것이 하나인 아무것도 없이 사랑만이 충만한
'나와 남이 없는' 나를 보세요.

• • •

인류의 과학 문명은 비약적인 발전을 거듭하며 우리가 모르고
추종하여 살아온 삶의 방향을 여러모로 바꾸어 왔습니다. 보다 많은
자유를 누리게 되었으며, 그 결과 하나님의 뜻을 더 많이, 더 깊게
피력하고 생각할 수 있게 되었습니다. 중세의 어둠의 터널을 지나올
수 있었고, 많은 의약품의 개발로 많은 병자를 치료할 수 있었습니다.
작금의 '코로나19'로 두려움에 신음하고 있는 인류에게 치료약이
개발되고 백신이 개발된다면, 기적은 이런 것을 이름이요 신의 은총이
라 아니할 수 없을 것입니다. 과거에는 무지몽매한 백성들을 현혹하여
권력을 유지하는 데 지식을 활용했지만, 과학이 분명하게 사실을

보여줌으로써 진실에 접근하게 되었고, 무지의 얽매임에서 풀려나 자유로이 사고할 수 있게 되었습니다. 천문학자들의 노력으로 우주가 얼마나 크고 넓은지도 상상할 수 있게 되었고, 여러 부류의 학자들로 인해 사고의 틀을 벗어나 자유로이 생각의 장을 넓히고 넘나들며 활발히 자신의 의견을 피력할 수 있게 되었습니다. 모든 것이 기적이요 신의 은총입니다. 인류에게 많은 것을 깨닫게 해주고 인간다운 삶을 안내해준 선인들에게 감사의 마음을 금할 수 없습니다. 지식의 발전과 확장은 분명히 우리를 깨어나게 했으며, 삶을 풍요롭게 하고 신의 뜻을 헤아리게 해주었습니다. 진화의 길을 걸어왔음은, 감사하고 감사할 일임이 분명합니다.

그럼에도 불구하고 확연히 알 수 있게 된 지식이, 오히려 근본적인 진실을 보지 못하게 길을 막고 눈을 가려 에고에 갇혀 사는 삶을 진실이라 믿게 하는 것 또한 사실입니다. 에고에 갇히게 되면, 이 세상이 나의 관념으로 만들어 놓은 상상의 산물임을 인정하려 하지 않습니다. 눈에 보이는 것이 사실이라고 믿으며, 자신의 생각에 의문을 던지기보다는 믿음의 확신을 굳게 하려고 애씁니다. "나는 생각한다, 고로 나는 존재한다."고 말한 데카르트는 과연 바른 진술을 한 것일까요? '생각하는 내가 있다'는 것을 확실하게 깨우쳐 준 지적인 사고로, 거의 모든 세계인이 진리인 양 굳게 믿는 경향이 있지만, 과연 그럴까요? 생각하기에 내가 존재하는 것이 아니라, 내가 존재하기에 생각하는 것이 아닌가요? 생각은 떠오르지, 떠올리지 않습니다.

"일체유심조—切唯心造" 사상처럼 생각하기에 따라 삶이 다르게 전개될 수 있음을 믿고 '모든 것은 마음이 만들어 낸 것'으로서 실재하지 않는 거짓이라고 보는 생각은 도외시되고 있습니다. 생각의 근거는 분별이요, 분별은 에고의 것입니다. 성경조차 에고의 관점으로 보면 분별의 이야기가 되어, 판단하고 선택하기를 요구하며, 많은 지식을 동원하여 옳고 그름을 판별하려 합니다. 옳음이 있게 되면 경계가 생기고, 경계 밖을 인정하지 않는 폭력이 정당화됩니다. 폭력이 정당화되는 사회가 올바른 사회로 여겨지는 세상이 과연 신이 허락한 세상일까요? 에고에 놀아나고 있으면서, 에고에게 정당성을 부여하고 폭력까지도 허용하는 '마녀사냥'의 역사를 가지고 있음에도, 옳음을 주장하는 에고의 끈질긴 '에고 사랑'은 진실의 눈을 멀게 합니다.

지식인의 사명이 옳고 그름을 분명히 판별하는 능력에 기대는 바가 너무 많아서, '모름'이 진실임을 애써 외면합니다. 많은 사람을 거짓된 허상의 세계로 인도하고 있다는 것은 아예 알지도 못하면서, 알고 있다고 폭력의 근거를 제시하려 합니다. 폭력을 정당화하는 지식인, 그리고는 그 명예를 높이 평가해주길 바라는 지식인, 지배자의 위치에 서려는 지식인, 이러한 사람들을 지식인이라 해도 좋을지 모르지만, 지식인의 폐해가 간과하기 어렵게 큰 것이 사실입니다. 지식인을 따르고, 따르지 않고의 문제를 떠나, 진실은 진실로서 존재합니다.

진실은 지식인에게서 나오는 것이 아닙니다. 예수에게서도, 석가에게서도 나오는 것이 아닙니다. 진실은 진실로 있는 것입니다. 부처님께서 "모든 것에 불성이 있다."고 하신 것, 그리스도께서 "너희 안에 하늘나라가 있다."고 하신 것은 "진실은 우리 안에 있다."는 말씀입니다. 그 진실을 찾음이 참지식입니다. 폭력을 정당화하고 에고를 사랑함이 지식인의 역할이 되어서는 안 됩니다. 지식인은 모름 안에서 자신의 실체를 찾으려 노력하는 사람이어야지, 자신의 생각을 믿는 사람이어서는 안 됩니다. 생각은 에고의 것으로, 환상임을 깨달아야 합니다. 지식인은 생각하는 사람으로 에고와 떨어져 있을 수 없으므로 우리는 지식인이 되려 하기보다는 '생각 없음' 아니 '아무것도 없음'의 자리로 나아가려고 해야 합니다. 그것이 성인이 가리켜 보이는 자리입니다. 성인이라고 해서 특별한 사람도 아니고, 내 인생과 상관없는 사람도 아닙니다. 부처와 그리스도의 말씀대로 '우리가 성인이다.'라는 믿음으로 '아무것도 아님'을 보면 되는 것입니다. 진실로 아무것도 없는 자유로움을 느껴보십시오. 내 것은 없으며 '나'도 없습니다. 이것이 나의 참 존재이며 실체입니다. 나는 없고 전체와 하나로 있습니다.

너무도 자유로운, 거리낄 것이 하나도 없는 확 트인 전체로, 모든 것이 하나인 아무것도 없이 사랑만이 충만한 '나와 남이 없는' 나를 보세요. '내가 있다.'는 믿음만 떠나면 됩니다.

상상이라도 해 보세요 정말 아무것도 가진 게 없을 때의 홀가분하고 싱그러운 자유로움을. 한없이 펼쳐진 세상을.

이는 생각이 없을 때 일어납니다. '나는 생각한다, 그러면 나의 자리에 에고가 있습니다.' 그리고 '나는 생각하는 나를 믿지 않는다, 그러면 생각 없는 참나가 있습니다.'

알아차림

아무것도 없이 아무런 걸림이 없이 참으로 홀가분한 마음으로
자유를 만끽해보세요. 원함이 없으니 결핍이 있을 수 없어서
모든 것이 갖춰진 황홀한 아버지 나라입니다.

• • •

우리가 갓난아기들을 볼 때 말로 표현할 수 없는 평온과 경이를
느끼며 티 없이 맑은 순수함과 순진무구함에서 알아차릴 수 있어야
합니다. 그 순진무구함 속에 어떤 판단이 있겠습니까? 갓난아기의
순수함이 우리를 판단할까요, 아니면 우리가 그 순수함을 판단할까요?
순수한 맑은 마음에는 아무런 판단이 없습니다. 비교하지 않으며
판단하지 않습니다. 관념이 없이 오직 순수한 알아차림과 순진무구함
만이 있습니다. 우리는 그렇게 이 세상을 시작했고, 갓난아기와 같은
순수한 참 본성이 우리의 참모습이며, 참 본성에서 우리는 아무도
아닙니다. 제한된 존재가 아니고, 어떤 얽매임도 없이 자애롭고 자비로

우며, 전혀 두려움이 없습니다. 갓난아기에게서 볼 수 있는 참 본성을 찾으라는 성현들의 말씀을 깊이 새겨들어야 합니다.

원래 우리의 것이었으니 알아차리기만 하면 됩니다. 마음이 비교하지 않는다면, 누구도 뚱뚱하거나 마른 사람은 없습니다. 비교하고 판단하는 마음이 없으면, '있는 그대로' 충분하며 완벽합니다. 좋거나 나쁘다고 보는 모든 것은 그저 완벽한 균형 잡힌 전체의 일부일 뿐이며, 바깥에서 일어나는 것처럼 보이는 모든 것은 내 안의 무엇인가를 일깨우기 위하여, 일깨워서 나를 확장 시키고 진정한 자신으로 돌아가게 만들기 위하여 일어나는 것입니다. 마치 아버지가 자신이 아버지라는 것을 아들에게 알게 하고 싶어 하는 것같이 일어납니다.

갓난아기에게 있는 순수함이 되살아나는 길은, 삼라만상의 갖가지 차별 현상이 '있는 그대로' 절대 평등의 세계임을 보는 것입니다. 분별하여 비교하는 데서 오는 관념의 세계에서 차별이 일어날 뿐, 차별은 사실이 아니라는 깨달음, 갓난아기의 순수한 마음으로 돌아가야 합니다. 분별하고 판단하는 것이 문제입니다.

갓난아기의 순수한 눈에는 아무것도 없습니다. 그저 '있다'는 것 말고는 아무것도 없어요. 해석하고 판단할 아무것도 없어서 절대 평등, '있는 그대로'이며, '온전한 있음'입니다. 좋거나 나쁜 것이 있을 수 없음에도 기어이 '있다'고 믿는 데서 갈등과 괴로움은 시작되고, 내가 바라는 걸 애써 추구하면 오히려 분리만 더욱 강화되어 평등은 멀어집니다.

신은 힘이 센 존재입니까? 신마저 나의 관념의 존재이다 보니

'전지전능의 힘이 센 존재'로, 나의 원함을 충족해 줄 능력의 소유자로 축소하여 놓았습니다. 구하고 원하면, 간절히 기도하면 들어주는 존재이다 보니, 곁에 있는 돈이 신이 되었습니다. 돈 자체는 아무런 힘이 없습니다. 우리가 돈에 힘을 부여하는 것입니다. 돈, 종교, 인종, 문화, 이념 등, 다른 모든 것에 대해서도 마찬가지입니다. 우리는 그것들 가운데 어떤 것도 아닙니다. 단지 그 시점에 그것을 통해 우리를 표현하고 있을 뿐, 우리는 그보다 훨씬, 훨씬 더 거대한 무엇입니다. 우리 모두는 우주의 완벽하고 아름다운 아이들이며, 비교나 판단이 아닌 조건 없는 사랑입니다. 그 무조건적인 사랑을 얻기 위해 우리가 해야 할 일이라곤 아무것도 없습니다. 우리의 본래 모습일 뿐입니다.

강한 주의, 주장은 오직 내가 아는 세계 안에만 나를 잡아두는 것입니다. 내가 알고 있는 것에만 스스로를 국한한다면 내 잠재력과 가능성은 어찌 될까요? 믿는 것은 물론 믿지 않는 것까지 내려놓을 수 있을 때 가장 강한 힘을 갖게 됩니다. 우주가 우리를 바꾸려 하는 대신 그저 존재하기만을 바라면서 그 장엄함을 이해해야 합니다. '내가 되는 것', 그것은 바로 '사랑이 되는 것'입니다.

분리된 이원성에서 벗어나 당신과 나 사이에는 그 어떤 간격도 없고, 우주는 조건 없는 사랑으로 이루어져 있으며, 모든 원자와 분자, 쿼크, 테트라 쿼크는 전부 사랑으로 만들어져 있어서 나는 도무지 다른 무엇이 될 수 없습니다. 사실 아무것도 없어서 '나 없음'으로 우주와 하나로 있을 뿐입니다.

우리는 둘 중 어느 하나입니다.

분리된 세상에서 '있다'고 믿으며 가지려고 애쓰는 '나',

그것이 아니라면 갓난아기처럼 '나'는 없이

전체와 하나로 있는 '나'.

관념이 만들어 놓은 망상에 사로잡혀 있든지,

아니면 그것이 망상임을 알아차려

'아무것도 없이' '온전히 있음'에 있든지.

아무것도 없이 아무런 걸림이 없이 참으로 홀가분한 마음으로

자유를 만끽해 보세요. 원함이 없으니 결핍이 있을 수 없어서

모든 것이 갖춰진 황홀한 아버지 나라입니다.

에고에 휘둘림을 알아차려

'나 없음'의 '나'로 아버지와 함께하는 아들이 되십시오.

알아차림으로 아버지께 내맡겨서 내맡길 것이 하나도 없을 때까지,

알아차리고 알아차려서 에고와 참나가 함께 하는 것입니다.

힘

어린아이에겐 좋고 나쁨이 없이 그냥 '있는 그대로'이어서
필요한 것이 아무것도 없습니다. 어린아이와 같이
'아무것도 없음'을 알면 괜히 짐만 되는 힘을 가지려 하지는 않겠지요.

• • •

어릴 적 아버지는 누구보다 힘이 세고 무서운 분이셨습니다. 밖에
나가면 자랑스러운 아버지였지만, 집에선 아버지 눈치를 볼 수밖에
없었던 시절이 있었지요. 어른이 되어 왜소해진 아버지를 보며, 또
다른 힘 있는 아버지를 찾기 시작했습니다. 나의 든든한 배경이 되어
줄 아버지, 믿기만 하면 모든 것을 용서해주시는 아버지, 원하고
구하면 들어주시는 아버지. 그러한 아버지를 믿고 활개치면서, 나를
드러내어 세상에 드높임을 받는 삶을 살리라, 그렇게 믿고 싶은 아버지
가 필요했는지 모르겠습니다. 자기에게 필요한 아버지여서, 하나님
아버지가 실제로 어떤 분인지 상관없이, 자신이 생각하는 아버지로

족하여 전지전능의 힘으로 나를 보살피는 아버지이면 충분하다 여겼는지도 모르겠습니다. 남을 위하는 척 중보기도라 하지만 남을 위하고 있는 '나'를 드러내려 통성으로 기도합니다. '다 버리고 나를 좇으라.' 하시는데, 힘은 있어야겠다고, 힘은 주셔야겠다고 기도합니다. 지혜자요 힘 있는 자로 전무후무한 영광과 명예를 누리며 살았던 솔로몬은 말합니다. "헛되고 헛되며 헛되고 헛되니 모든 것이 헛되도다"(전도서 1:2). 솔로몬은 가진 힘을 십분 활용하여 모든 영화를 다 누리고 살아보니 모든 것이 헛됨을 늦게야 알게 된 듯합니다. 힘으로 이룩한 삶이 얼마나 허무하면 '헛되고 헛되도다'로 얘기를 시작했을까요? 힘이 얼마나 헛된 것인지를 얘기하고 있거늘, 성경의 가르침도 외면한 채 힘을 달라 기도함은 무슨 배짱일까요? 힘은 헛되지만 사랑은 하면 할수록 증폭되어 모두를 감싸 안아 가슴 충만한 기쁨을 선사합니다.

"네 소유를 팔아 가난한 자들에게 주라. 그리하면 하늘에서 보화가 네게 있으리라. 그리고 와서 나를 따르라"(마 19:21)는 예수님의 말씀이나, "만일 어떤 사람이 이 경 가운데서 네 구절만이라도 받아 지니고 다른 사람에게 말하여 주면 그 복덕은 삼천대천세계에 가득한 칠보를 보시한 복덕보다 더 나으리니"라고 하신 부처님의 설법은 귀에 들어오질 않습니다. 가진 힘조차 버리라고 하시는데, 힘을 더 달라고 떼를 씁니다. 힘을 가지고 무엇을 할지는 관계없이, 힘을 부려 '나'를 드러내려는 마음이 앞서서 막무가내로 힘만은 있어야겠다고 떼를 씁니다. 다른 사람이 가진 힘보다 더 큰 힘을 바라고 원하여 지금 가진 힘으로는 만족할 수 없고, 자기보다 힘센 자를 만나면 힘에 굴복하여 비굴해지면서도 '힘이 좋다.'며 힘을 좇아갑니다. 내가 부여하지 않으면 아무런 힘이 없는데도, 없는 힘을 힘이라 부여하고선 그 힘에 놀아납니다. 그러다 보니 하나님 아버지마저 사랑의 아버지만으로는 부족하여 전지전능이 무슨 소용인지 힘을 앞세워 표현하고, 그 힘으로 '나를 보살피라' 감히 요구합니다. 모든 것이요 전부인 아버지께서 전지전능해야 할 일이 있는지 도무지 모르겠습니다.

"하늘과 땅의 주님이신 아버지, 이 일을 지혜 있고 똑똑한 사람들에게는 감추시고, 어린아이들에게는 드러내어 주셨으니, 감사합니다"(마 11:25). 해석하고 판단하는 지혜로운 자들에게는 이것과 저것을 분리하는 데 힘이 필요할지 모르지만, 모두가 하나인 어린아이에겐 힘이 필요치 않습니다. '어린아이 같아라.' 하심을 깊이 새겨야 합니다. 어린아이에겐 아무것도 없습니다. 좋고 나쁨이 없이 그냥 '있는 그대로'이어서 필요한 것이 아무것도 없습니다. 어린아이와 같이 '아무것도 없음'을 알면 괜히 짐만 되는 힘을 가지려 하지는 않겠지요.

"수고하고 무거운 짐 진 자들아 다 내게로 오라, 내가 너희를 쉬게 하리라"(마 11:28) 하심은 '힘을 빼라'는 말씀으로, 힘이 무거운 짐임을 알아서 그 짐을 내려놓으라는 말입니다. "뭣 때문에 가지려 발버둥치느냐? 가진 힘도 내려놓아야 하거늘 더 달라 원함이 가당키나 한 일이냐?" '없이하고 없이하라'는 말씀입니다.

힘은 가지면 쓰고 싶어지기에, 여간 위험한 게 아닙니다. 힘이 없으면 쓸 일이 없으니 편히 쉬겠지요. 그 길을 가라, 다 내려놓고 나를 따르라는 말씀하십니다. 힘을 좇으면 아버지 집과는 거리가 멀어져 헛되고 헛된 멸망의 길입니다. 사랑의 길을 택하여 예수님을 따라 아버지 집에 거하십시오. 사랑이 모든 것입니다.

장벽

마음 너머의 마음을 본 사람은
에고와 얼나를 '나'로 보고 에고의 하는 일이 관념에 불과함을 알기에
지켜볼 뿐, 고요히 얼나 안에 머물며 진실 안에 있습니다.

• • •

  몸과 마음을 자기라 생각하는 사람은 에고 사랑에 빠져 있음이
지극히 당연하여, 모든 상황을 자기 본위로 생각합니다. 자신의 관념
밖을 볼 수 없어서 신조차 자신이 그려놓은 세계에 있으며 힘이
센 존재일 뿐, 진정한 신의 존재를 왜곡하여 자신의 세계에 부합하는
신입니다. 성경을 보는 눈 또한 에고의 눈이어서 자신을 위해주는
신으로, 구하고 원하면 들어주는 은혜의 하나님으로 탈바꿈시키고
은혜를 갈구하곤 합니다. 에고에 갇혀 있기에 도저히 에고 밖의 세상을
볼 수 없어서 자신의 옳음을 주장하고, 각자의 세상이 다르고 옳음
또한 각각 달라서 옳음과 옳음이 다투면서도 자기의 옳음만이 옳다고

폭력을 행사하면서까지 주장합니다.

너의 이익을 위하는 것에 불과하다 할라치면 너는 그러지 않느냐며 너도 네 이익을 앞세울 뿐이라 항변합니다. 같이 이로울 수 있는 길이 설혹 보여도 그 속에서 나에게 이로운 길이 없을까 찾아 나설 뿐, 같이 이롭기보다는 자기의 이익을 앞세워 기어이 분리하고 구별하여 '나'를 드러내려 하면서도, 함께 함이 배려요 보시라 포장합니다. 자신의 관념 밖이 보이지 않으니 남 또한 그러리라 여길 뿐, 도저히 우리가 하나임을 믿으려 하지 않습니다.

자기 안에 갇혀 있기에 남과 비교해서 일어나는 괴로움을 피할 길이 없으므로 즐거움이 오는 순간 괴로움이 뒤따라 와서 괴롭고 괴로운 삶이라 괴로움을 떠날 길이 없다 합니다. 괴로움이 없으면 즐거움도 없으련만 즐겁기만을 원하니 괴로움은 더욱 크게 대두되죠.

상대세계에 있으면서 자기만의 절대 세계를 원하니 이루어질 수 없는 '자기 사랑'에 빠져서는 괴로움이 항상 그림자처럼 따라다니게 마련입니다. 남을 인정하자니 자신이 왜소해지고, 인정하지 않으면 불협화음이 따르고, 이래도 괴롭고 저래도 괴롭습니다. 행복을 추구하지만 추구하는 한 행복은 멀리 있기에 행복이 곁에 있음도 보지 못하고, 원하는 모든 것이 갖춰져 있어도 '나'에 갇혀 있기에 보지 못하는 것을 인정할 수 없습니다. '자기 사랑'은 정말 넘을 수 없는 높은 장벽인가 봅니다.

나를 떠나 보는 것은 객관적으로 본다는 것이 아니라 나의 관념을 떠나 있는 그대로 보는 것입니다. '나'를 가둬놓은 관념을 떠나 '나

없이' 세상을 보는 것입니다. '나 없음'의 세상이 따로 있는 것이
아니라 내 안에 '나'가 있는 것입니다.

> 마음 너머의 마음을 본 사람은
> 에고와 얼나를 모두 '나'로 보고
> 에고의 하는 일이 관념에 불과함을 알기에 지켜볼 뿐,
> 고요히 얼나 안에 머물며 진실 안에 있습니다.
> 있다고 믿는 '없는 나'를 사랑할 일이 없기에 괴로울 일이 없으며,
> 넘어야 할 장벽이 있다면
> '있다고 믿는 나'를 떠나기만 하면 되는
> 아주 단순하고 간단한 일이지만,
> '나 없음'의 세계가 있음을 얘기할 뿐
> 다른 어떤 길도 없어서
> 결코 가르쳐 줄 수도 없고, 말할 수도 없습니다.

'나 있음'과 '나 없음' 사이의 장벽은 너무 높아 '나 있음'의 세계에선
'나 없음'의 세계를 결코 볼 수 없어서 '나 없음'의 세계를 인정할
수 없습니다. 이 간극을 '나 없음'의 세계에 있는 사람은 확실히
인지하여 이런 세계가 있음을 얘기할 뿐, 보지 못함을 탓하지 않습니다.
이쪽에선 보이지만 저쪽에선 장벽이 너무 높아 보이지 않음을 인정하
고, 그들과 함께 어울려 그들의 세상에서 살아야 합니다. 안타까워해서
도 아니 되고, 본인이 원하기 전엔 인도하려 해서도 아니 됩니다.
영원히 존재할 장벽이어서 그 장벽을 인정하고 '있는 그대로' 보는

것이 아버지의 뜻이며 '자유의지'입니다.

종교를 가지고 신이 있음을 믿으면서도 나는 있기에, 나를 위한 신으로 변모시켜 놓은 신을 믿는 이에게, 어찌하면 '나 없음'의 세계가 아버지 세계임을 알릴 수 있을까요? '나 없음'의 세계는 사랑이 충만한 세계이니 사랑으로 보여주어야 합니다. 조건 없는 사랑으로 아버지 계심을 보여주어야 합니다. "자기를 부정하고 십자가 지고서 나를 따르라." 하신 예수님을 따르는 것입니다. 말로 전달할 수 없는 세계이므로 예수와 석가는 몸소 실천으로 보여주셨고, 그리하여 그리스도와 붓다가 되신 것입니다. 해야 할 일이기에 하는 것이 아니라, 하고 싶어서 하는 일임을 보여주신 것입니다. 거기에 자유와 평화와 사랑이 있습니다.

사탄

이 세상은 내가 만들어 놓은 관념의 세계이니
제발 자신을 버리고 아버지께 오라는 간절한 표현이
'질투하시는 하나님'입니다.

• • •

절대 세계에 계시는 하나님을 상대세계에 끌어내려 표현하기 위해서는, 신에 대(對)하는 존재가 필요하게 되어 만들어 낸 허구의 존재 '사탄'.

하나님에 필적할 만하지만 조금 빠지는 힘을 가진 존재로서 선하신 하나님께 악으로 대하는 악의 축 사탄.

선을 이기는 악이란 있어서는 아니 되기에 하나님보다는 힘이 약한 사탄이지만 인간 위에서 초능력을 발휘하여 우리를 조종하고 악의 길로 유혹하는 존재 사탄.

선, 악이 없는 신의 세계에 선악이 있어야 하는 이유는, 신도 우리와 같은 상대세계에 계셔야 활용하기 편하고, 쉽게 이해되는 힘의 가치를 활용하기 위함입니다. 그 힘을 이용하여 자신들의 지배력을 신의 지배로 합리화하고 정당화하여, 내가 아닌 아버지의 말씀을 따를 뿐이라고 포장하는 것입니다. 수렴청정의 극치, 신을 배경으로 인간을 지배하는 종교시스템이 만들어 낸 필요악 사탄. 자신들의 뜻과 다를 때마다 전가의 보도로 휘두를 수 있는 보검, 사탄. 선, 악의 판단은 자기가 하면서 신의 뜻이라 내세울 수 있게 해주는 만능의 열쇠, 사탄. 사탄이 없다면 하나님은 어디에 계실까요?

내 안의 갈등을 하나님과 사탄의 '신들의 이야기'로 각색해 놓고, 아버지 찾아오는 길을 가르쳐주고 있는 성경을, 오로지 한 분이신 하나님을 여러 신들과 함께 배열해 놓은 것으로 해석하여 자신을 따르는 사람만을 사랑하는 이기적인 하나님으로 왜곡하고 있습니다. 신들의 세계가 우리와 같은 상대세계라면, 고작 힘이 센 존재들이 살아가는 이기적인 세계란 말인가요? 제우스가 지배하는 세계, 영생하지만 끊임없이 싸우고 갈등하는 그리스 신화의 세계가 하나님 세계란 말인가요? 그래서 사탄이 필요했던 건가요? 하나님을 좀생이 신으로 만들어 놓고도 더 활용하지 못해서 안달인 오늘날의 종교는 사탄이 없이 존속할 수 있을까요? 신이 세상을 지배하는 데에 필요한 제일의 창조물 사탄. 하지만 사탄은 없습니다.

모든 것이 하나인 절대 세계에 옳고 그름이 있을 리가 없습니다. 선악과로 말미암아 옳고 그름의 판단이 들어오게 되었듯이, 판단하는 순간 절대계인 에덴동산에서 쫓겨나 상대세계에서 살게 됩니다. "너는 나 외에는 다른 신들을 네게 있게 말지니라." 하신 말씀은 내 안에 가득 차 있는 신들을 섬기지 말라는 말씀입니다. 돈, 명예, 힘 따위의 허망한 것을 따르지 말고 '네 안의 것을 다 비우고' 아버지만을 섬기라는 말씀입니다. '질투하시는 하나님'은 "아직도 너 자신을 사랑하느냐?"라고 물으십니다. '나'를 버리고 아버지께 오라는 사랑의 표현입니다. 사탄은 '내 안의 에고'입니다. 에고에 머물지 말고, 나를 없이하여 아버지 나라를 보라 하심입니다. 이 세상은 내가 만들어 놓은 관념의 세계이니 그 생각을 떠나지 않는 한 아버지 나라를 볼 수 없으므로 제발 자신을 버리고 아버지께 오라는 간절한 표현이 '질투하시는 하나님'입니다. 성경의 모든 말씀이 절대 세계의 이야기인데, 상대세계의 얘기로 해석하는 것이 괴로움의 근본 원인입니다. "하늘나라가 네 안에 있다."고 "네 이웃이 너다."라고 하는 말씀을, 상대세계의 눈으로 어찌 이해할 수 있겠습니까?

아버지를 볼 수 있는 길은 너무도 단순하고 간단합니다. 버릴 줄만 알면 되는데, 버릴 생각이 없이 오히려 가지려는 생각으로 차 있음이 문제입니다. 쥐고 있는 주먹을 펴기만 하면 되는데, 오히려 꽉 쥐고 놓질 않습니다. "공중의 새를 보라." "들에 핀 백합화를 보라." 해도 불안은 사탄이 되어 아버지를 거부합니다. 예수, 석가와 같은 선각자를 보내주어도, 또 다른 신의 이름 '그리스도', '부처'로 여기고, 구하고 원하면 주는 구속의 대상으로 여길 뿐, 아버지의 말씀을 전하러 온 안내자로 보기를 거부하고 믿음의 대상으로 바꿔놓습니다.

"수고하고 무거운 짐 진 자들아 다 내게로 오라, 내가 너희를 쉬게 하리라."(마 11:28) 하신 말씀을, 어렵고 힘들지 않아도 쉽게 얻을 수 있다는 뜻으로 받아들입니다. 구하고 원하는 기도를 계속하면서 버릴 생각이 없습니다. 에고의 '자기 사랑'이 사탄임을 모르고, 자기애에 빠지는 것을 지극히 당연하게 여기는 마음으로 구하고 원하는 기도를 어떻게 버릴 수가 있겠습니까? 나를 버리는 순간 아버지와 함께함을 모르고 '나'라는 사탄을 붙잡고 있습니다. '나 없음'이 '사탄 없음'이어서, 내가 없으면 사탄 없는 아버지 나라에서 아버지와 함께합니다. '자유의지'는 '나'를 버리느냐, 잡고 있느냐일 뿐입니다.

참나를 찾는 것을 방해하는 에고가 곧 사탄입니다.

욕망

'나'라는 마음이 없으면
무언가를 바라는 마음이 완전히 내려놓아져
"감사합니다" 참된 기도뿐입니다.

. . .

욕망이라는 전차를 타고 우리는 어디까지 갈 수 있을까요? 우리의
욕망이 멈추려면 만족이 수반되어야 하는데, 만족이 있을 수 있을까요?
무한 욕망이 불러올 파국을 예견할 마음이 우리에게 없는 것일지도
모릅니다. 무한히 확장되는 인간의 욕망을 자연스러운 현상이라 치부
하고 소비를 부추기는 경제 시스템은 그대로 작동되어도 되는 것일까
요? 일체 만물은 사람을 위해서 생긴 것이라, 사람이 마음대로 해도
된다는 인간 본위의 인상세으로 인간을 우선시하여 자연을 대해도
되는 것일까요? 하고픈 일을 마음껏 할 수 있게, 신의 뜻은 뒤로
하고 우리 자신을 위해 구하고 원하는 기도는 언제까지 계속될까요?

자유라는 이름의 원함과 무한경쟁의 정당성은 과연 더불어 사는 공존의 가치를 위에 놓을까요? "네 이웃을 네 몸같이 사랑하라." 하신 아버지의 말씀은 신앙의 문제일 뿐 우리와는 먼 거리에 있다는 중생상衆生相의 의식으로 아버지는 외면해도 될까요? 욕망을 인정함이 진정 아름다우며 자유로운 질서인가요? 끝없는 탐욕의 뿌리를 본능추구라 인정하고 아상我相을 그대로 놓아두어도 괜찮은 걸까요? 지금껏 살아온 질서를 유지하려는 애착심을 가지고서는 수자상壽者相을 내내 떨쳐낼 수 없을 것입니다. 우리의 안전은 어디까지 보장되는 것일까요? 코로나19는 우리에게 많은 물음을 던져주고 있습니다.

이제는 우리의 안전을 위해서도 아버지의 뜻을 바로 알아야 하는 때가 왔습니다.

우리의 안녕과 평화를 위해 아버지의 은혜를 갈구함이 우리의 할 일이라고, 미약한 우리가 할 수 있는 일은 없어서 오직 아버지께 기도함이 우리의 일이라 여겨야 하며 사상四相을 그대로 간직하려 해서는 안 됩니다.

사상四相

전도몽상顚倒夢想의 분별심이
아상我相, 인상人相, 중생상衆生相, 수자상壽者相이라
탐욕과 분노, 취사심과 애착심이 범부의 마음가짐이니
이를 버림이 보살의 길입니다.
사상四相을 여의지 않고는 여래를 볼 수 없습니다.

진정한 기도는 바라는 것이 아무것도 없을 때
완성에 이르게 됩니다.
아상我相이 없으면 사상四相을 여의게 되어
바라는 것이 있을 수 없습니다.

구하고 원하는 기도는 '나'가 있는 것이어서
아버지와 '나'를 분리하는 중생심입니다.
아버지를 보려는 마음이 없는 것입니다.

아버지 보려는 마음은 '나 없음'입니다.
'나'라는 마음이 없으면
무언가를 바라는 마음이 완전히 내려놓아져
"감사합니다" 참된 기도뿐입니다.

모든 것을 다 주신 아버지께
감사의 기도 말고는 더 할 게 없습니다.
감사합니다, 아버지!

욕망이 모든 괴로움의 원인인지 알면서도, 탐욕이 눈을 가려 헤매고 있음을 알면서도, '나'라는 생명의 보존을 위함이라, 어쩔 수 없는 일이라, 당연하게 여겨왔습니다. 이제 코로나19로 인해 당연하게 여겨졌던 욕망이 오히려 생명의 안전을 보장하지 못함을 보았습니다. 우리가 그렇게도 제일의 가치로 여겼던 생명 보존이, 욕망의 끈을 놓지 않고는 위험하다는 사실 앞에서도 새로운 가치 질서를 찾지 않음은 참으로 어리석은 일입니다. 인류의 보존을 위해서도 새로운 가치 질서가 필요하고, 우리는 그 일을 찾아야 합니다.

욕망의 뿌리를 근본적으로 끊어낼 때가 된 것입니다. 욕망을 억제함이 얼마나 어려운 일인지, 억제하려는 노력이 얼마나 덧없는 일인지 알기에, 뿌리를 캐내버리는 일을 해야 합니다. 억제함이 없애는 것보다 어렵다면, 억제함은 임시방편이라 언제고 튀어나와 옛날로 회귀할 것이 뻔하다면, 욕망을 없애는 일을 해야 합니다. 욕망을 없애면 자유요, 하늘나라이니 이보다 더 좋은 일이 없습니다.

"나 이외의 신을 섬기지 말라." 함은 신은 오로지 하나님 한 분뿐이어서 자기 안의 사탄을 섬기지 말라는 말씀입니다. 약견제상비상 즉견여래(若見諸相非相 卽見如來: 만일 모든 형상이 다 형상이 아닌 줄을 보게 된다면, 즉시 부처님을 보리라). 붓다의 말씀은 모두 '나 없음'의 세계를 일컬음입니다. '내가 있다' 함이 관념의 허상임을 깨달아 '나 없음'의 실상을 보라는 것입니다. '나 없음'의 세계가 하늘나라입니다. 모든 것이 갖춰진 하늘나라에서 욕망이 자리할 일은 없습니다.

우리가 설혹 욕망의 그늘에서 빠져나오지 못한다 해도 욕망이 괴로움의 원인이요 파멸의 길임을 안다면 함께 더불어 사는 세상을 찾아가는 노력은 뒤로 미룰 여지가 별로 없음을 이해해야 합니다. 사과나무 없는 사과는 있을 수 없음에 공감하고 우리가 하나로 엮여 있음을 이성적으로나마 이해할 수 있다면, 함께 할 수 있는 길을 찾아야 합니다. 그 생각의 뿌리가 성경과 불경의 가르침에 있음을 깊이 숙고할 필요가 있습니다. 초월적인 세상을 찾아가는 것이 아닌,

여기서 '있는 그대로' 우리를 바라보려 노력하고 물질에 부여된 힘을 축소할 수 있는 힘이 경經에 있습니다. 기도를 바꾸기만 해도 됩니다. 구하고 원하는 기도에서 벗어나 우리가 함께함에 감사하는 기도여야 합니다. '지극히 작은 자에게 행함이 나에게 한 것이라.' 하신 하나님의 말씀을 좇아 기꺼이 이웃과 같이 가야 합니다. 가다가 생기는 문제는 그때그때 길을 열어주심을 믿으시고 말씀을 따라가는 것입니다.

코로나19가 창궐함이 새로운 길을 예비하시는 은혜인 줄 누가 알겠습니까? 원하고 구하는, 해달라는 기도만 아니 해도, 욕망을 추구함이 당연하고 당당하게 요구하는 데서 떠나게 되어 욕망이 적어질 수 있습니다. 갖고 있는 생각을 떠나서 '내 생각 없이' 그냥 보세요.

주의主義

생각이 일어남이 나눔이요, 생각이 없음이 합일입니다.
나를 드러내어 살려 하면 분리는 필연의 과정입니다.
내가 있으면 남은 필연적으로 있어야 하기에 둘의 갈등은 예견된 것입니다.

• • •

이념(마루옳이) 주장자들은 "바싹 짜고, 몰아치고, 키우고, 당겨 이념집단을 유지한다. 집단을 이루어 뭉쳐나가지만 속은 속대로 겉은 겉대로 어긋난다"(다석 류영모).

"오늘 너도 평화에 이르게 하는 일을 알았더라면, 좋을 터인데! 그러나 지금 너는 그 일을 보지 못하는구나"(눅 19:42).

"주제넘은 운동, 부질없는 생명 다 쉬고 말아라. 생生은 분分이요, 사死는 합合이다. 동動은 난亂이요, 정靜은 화和니라"(다석 류영모).

옳음에 매진하는 사람들을 보면 자기 눈에 옳음인지를 모르고 옳음이 있다 여깁니다. 옳음이 내 생각임을 모르고, 내 생각에 불과함을 모르고, 주의主義에 빠져 남과 함께 옳음의 길에 있다는 확신을 가지고 신념으로 지키고자 합니다. 기준이 분별임에도 기준을 정하여 옳음을 주장하고 있습니다. 선을 그어 이쪽저쪽을 나눔이 둘의 보완이라면 모를까, 다른 쪽을 부정함은 상대도 마찬가지여서 폭력을 수반함은 필연의 과정이련만, 주의 주장을 한껏 이끌어 갑니다. 상대를 부정하고 없애서 옳음의 길을 가려 한다면 힘이 필요하고, 힘을 요구하여 동動이 난亂이 되는 것입니다. 예수가 십자가의 고난을 이겨내고 '다 이루었다.' 함은 모든 것을 수용함의 극치이기 때문입니다. 정靜이 화和인 것입니다.

생각이 일어남이 나눔이요, 생각이 없음이 합일입니다. 나를 드러내어 살려 하면 분리는 필연의 과정입니다. 내가 있으면 남은 필연적으로 있어야 하기에 둘의 갈등은 예견된 것입니다. 갈등에서 벗어남은 상대를 인정함에 있기보다는 나와 남이 없는, 분별없는 하나이어야 합니다. 내가 없어야 합니다.

나에게 이로울 때 옳다고 하기 쉽지만, 남에게도 이로울까요? 갈등은 필연입니다. 옳음을 주장할 때 옳음은 어디에 기인하는 것입니까? 나와 남을 구별하고 다르지 않으면 하나일 테니 굳이 구별하지 않겠지요. 옳음도 없을 것이요 배척할 일도 없을 것입니다. 옳음을 주장하는 사람은 옳음이 아니라 자기의 생각을 주장하는 것입니다. 자기가 생각하는 바가 옳다는 것입니다. 그것이 비록 많은 사람을 위하는 길이라 할지라도 모두에게 좋은 것은 아니기에 폭력을 수반할 일은 아니며 목숨 걸고 투쟁해야 할 일은 아닙니다. 양쪽의 주의 주장을 서로 수용하며 보완하여 갈 일입니다. 상대를 인정함은 내 생각을 양보할 수 있다는 뜻입니다. 그것이 '십자가'입니다. '십자가'의 고난을 수용하고 자신을 완전히 내려놓은 그리스도의 성스러움이 이것입니다.

"십자가 짊어짐"은 그리스도의 생을 따르겠다는 것으로, 옳음의 길에 서겠다는 것이 아닙니다. 옳음은 나와 남의 분리에서 비롯된 것입니다. 옳음을 주장하는 주의主義에 빠지기보다는 "네 이웃을 네 몸같이 사랑하라."는 예수의 말씀을 따를 일입니다. 나와 남이 없이 모두가 하나인 세상은 우리 모두가 구현해 가야 할 이상적인 세상이 아니라, '나'만 없으면 드러나는 이미 있는 세상입니다. 이미 있는 아버지의 나라이기에 구할 것이 없이 보기만 하라는 것으로, 내가 없어야 가능해지는 세계입니다. 내가 있는 한 결코 볼 수 없는 신비의 세계, '나 없음'의 세계입니다. 옳음을 좇기보다는 아버지의 나라에 있으십시오.

편리함

어차피 인생이란 홀로 걸어가는 길이라서 편해도 내 길이요,
불편해도 내 길입니다. 편리함을 쫓는, 외부에 의지하는 것이
내 인생일 수는 없습니다. 편리함에 취해 나를 잃어버려서는 안 됩니다.

• • •

편리한 걸 생각하면 전체를 생각할 수 없습니다. 개인이 편리한
것을 취하면서 나라를 생각한다는 것은 거짓입니다. 편해 보자는
것은 자신을 위함이지 다른 사람들을 위해서도 아니요, 전체를 위해서
는 더 더욱 아닙니다. 모두를 생각하면 자기가 없어야 합니다. 내가
있고서 어찌 전체를 위할 수 있을까요?

도심의 생활은 많은 것이 갖춰져 있어 편리한 생활을 할 수 있으므로
타인과의 협력이 그다지 필요치 않지만 농촌의 생활은 다릅니다.
많은 것을 갖춰가고 있지만, 농부의 생활이란 시기와 맞물려 있고

협업이 아니고는 이루어낼 수 없는 경우가 많아서 서로를 돌보지 않을 수 없습니다. 나와 함께 이웃을 배려하는 마음이 생활화되어 있습니다. 과학의 발전은 트랙터 하나를 보더라도 쉽고 편리하게 처리할 수 있게 되어 아주 요긴하고 많은 일손을 덜게 해주어 여간 고마운 게 아닙니다. 과학의 발전으로 우리 생활 곳곳에 많은 편리함을 제공하고 일의 능률을 고양하여 그 혜택을 함께 누림이 문제라는 게 아니라, 편해지려는 마음이 당연하게 밀려와서 편함으로 만족함이 문제입니다.

편리함을 추구하다 보면 삶의 가치를 깊이 생각할 겨를이 없이 편함을 좇게 됩니다. 힘들고 편함이 따로 있는 것이 아니라, 하나의 상황을 생각하기에 따라 힘들다고도 느끼고 편하다고도 느낀다는 것을 안다면, 힘들어도 해야 될 일은 해야 합니다. 내 편리함을 앞세우면 전체는 뒤로 밀려 공동체 의식이 허술해집니다. 우리가 하나임을, 홀로 존재할 수 없음을 깊이 숙고하여 함께 해야만, 평화로움이 세상을 적실 수 있습니다. 전체 없는 '나'가 어찌 존재할 수 있을까요? 이웃을 생각하지 않고 홀로 살아가는 것은 얼마나 삭막한 삶인가요? 코로나19를 겪으면서 편리함보다는 함께함이 얼마나 소중한 것인지 실감하고 있습니다. 함께함에 '나'를 내세워서는 같이할 수 없습니다. '나'보다는 전체를 위함이 곧 '나'를 위함임을 알아서 전체와 함께 할 수 있어야 합니다.

편해 보자는 마음은 '나'를 앞세우고 공동체를 뒤로하는 마음입니다. 일을 아예 회피하거나 함께하고자 하는 마음을 멀리하는 것입니다. 만악의 근원인 게으름이나, '나'가 우선이어서 남을 배려할 마음의 여유를 상실시키는 마음이 편하고자 하는 마음입니다. 쉽고, 편하게, 편리함을 추구함은 '나'에 빠져드는 지름길로 '나 있음'에 안주하려는 마음입니다. 변화하는 세상에 발맞춰 가는 불편함마저 거부하며 옛날이 좋다고 수구에 편승하여 공동체의 앞날보다는 안정을 추구하며 변화의 물결조차 거부합니다. '나' 우선의 의식이 강하여 나를 위해 사는 것을 당연하게 여기고, 공동체 의식은 사회주의로 폄하하여 개인의 자유를 앞세우지만 인간의 탐욕이 얼마나 무섭고 게걸스러운 지에 대해서는 귀를 닫습니다. 우리의 탐욕이 얼마나 무서운지는 간과하고 편함을 추구함을 당연시하여, 불편함을 감내하는 마음은 멀리합니다.

편리함을 쫓아가는 것이 삶을 얼마나 피폐하게 하는지 생각해 보면, 불편함과 함께하는 삶이 얼마나 우리를 깨어있게 하는지 모릅니다. 불편함이 아니라 환경 그대로와 함께함이니 불편할 것도 편리할 것도 없이 있는 그대로 '그냥' 사는 것입니다. 원함도 추구함도 없이, 생각 없이, 그냥 그렇게 사는 것입니다. 삶이 나를 이끌어가도록 내맡기고 적극적으로 수용하며 사는 것입니다.

어차피 인생이란 홀로 걸어가는 길이라서
편해도 내 길이요, 불편해도 내 길입니다.
편리함을 쫓는, 외부에 의지하는 것이
내 인생일 수는 없습니다.
편리함에 취해 나를 잃어버려서는 안 됩니다.
내가 모든 것입니다.

몸

기차는 움직이지만 타고 있는 '나'는 그대로 있듯이
나라는 존재는 몸을 수레 삼아 몸과 함께 있습니다.
몸을 소중히 여기는 까닭은 '나'와 하나이기 때문입니다.

• • •

　건강한 신체에 건전한 정신이 깃든다고 몸은 우리에게 늘 말해
줍니다. 나 없이 어찌 살려 하는지 이리도 함부로 대하느냐고 묻곤
합니다. 정신의 가치를 앞세워 몸을 혹사시키는 고행을 미덕으로
포장하고 몸은 마치 고난의 대상인 양 멀리하려는 경향이 있지만,
몸이라는 그릇과 마음이라는 내용은 하나로 같이합니다. 맑은 정신은
건강한 신체와 함께합니다. 몸과 탐진치를 수반하는, 없어도 좋을
마음을 합하여 '제나'라 하고, '제나를 없이함'이 '참나'를 찾는 길이라
여기지만 제나 없는 나는 없어서 '제나와 얼나'가 모두 '나'입니다.
그릇도 성誠하고 담긴 내용물도 성해야 합니다. 성하게 받은 몸을

성하게 가지고 가는 것이 그리스도의 정신이라고 봅니다. 성誠의 길을 가야 합니다.

몸성히(건강)를 위해서는 탐욕을 버려야 합니다. 몸이 원하는 데에 따르고 마음이 원하는 데에 따르면 몸과 맘이 다 병이 납니다. 먹는 즐거움 같은 즐거움이 있을까요? 탐 중에 탐이 식탐이라, 맛있는 것을 찾아 먼 길을 마다 않고 찾아 나섭니다. 많이 먹는 데에 문제가 있지만 먹는 재미에 젖어 과식은 일상이 됩니다. 소식이 건강에 좋음을 알면서도, 먹는 재미가 앞서서 몸을 돌볼 마음이 없습니다. 원하는 만큼 다 채워주려 합니다. 정성을 다해 보살펴야 할 몸을 혹사시키고 있는 것입니다. 무상無常한 몸을 무상하게 보고 거기에 머물지 말라는 얘기지, 나와 함께 하는 몸을 내팽개치고서 나는 어디에 담아 살려는지 생각 없이 마구 대해서는 아니 됩니다. 몸이 있기에 나도 있는 것입니다.

무상無常한 몸에 집착함이 안타까워, 몸을 떠나 참나를 찾으라, 무상하지 않은 것을 보라는 것이니, 무상함을 무상함으로 볼 수 있으면 거기에 얽매일 일은 없겠지요. 몸을 '나'라 여김은 무상함을 보지 못함입니다. 한시도 머무름이 없이 변하고 있는 것을 있다고 믿는 것은 무엇에 홀려서인지요? 있다고 생각하는 그것은 지금 변하여 없습니다. 있는 것은, 변하여가고 있는 상태뿐입니다. 머무르는 것이 하나도 없습니다. 몸도 마음도 '나'가 아니어서 변하지 않는 참나에 있어야 합니다. 기차는 움직이지만 타고 있는 '나'는 그대로 있듯이, 몸을 수레 삼아 몸과 함께 있는 것입니다. 몸을 소중히 여기는 까닭은 '나'와 하나이기 때문입니다.

식食, 색色을 바로 하기란 정말 어렵습니다. 몸을 성하게 함은 식색을 바로 하는 것입니다. 식색을 여의면 탐을 떠나 있겠지요. 갈망의 그늘에서 허우적거리는 일은 없겠지요. 몸 가꾸기가 정말 어려워, 멀리하기에도 가까이하기에도 어려운 일이라, 제 하는 대로 지켜볼 뿐입니다. 원함의 덫에서 벗어나 '나 없음'에서 살아갈 일입니다.

눈이 귀에게 못 본다 탓하지 않고, 귀가 눈에게 못 듣는다 탓하지 않듯이, 몸의 모든 부위는 각자의 자리에서 제 할 일을 할 뿐 남과 비교하지 않습니다. 너와 내가 다르다 분리하지 않고 하나의 몸 안에 있으면서, 산은 산이요 물은 물이듯이, 있는 그대로 제자리를 지킬 뿐, 제 잘난 이야기는 하나도 없습니다. 입이 먹는 즐거운 일을 한다고 뻐기지도 않고, 항문이 궂은일을 한다고 불평하지도 않으면서, 저마다 자기의 일을 함이 없이 할 뿐입니다. 무엇을 소유하려 함도 없이, 오면 오는 대로, 가면 가는 대로, 그대로 놓아줍니다.

몸이 소우주임이 분명한 것은 자연 그대로 무위無爲함에 있습니다. 몸을 성하게 잘 보살피며 자연의 이치를 살피고 몸이 하는 대로 맡기고 볼 일입니다. 내 것이라 여기지만 않으면 몸 또한 나의 스승입니다. 자연 그대로에 내맡기듯, 몸이 하자는 대로 따라가면 탐진치에 빠질 일도 없습니다. 내 욕심에 많이 먹어 탈이 날 뿐, 나만 없으면 몸은 건강합니다. 우주가 완벽하듯이.

숲과 나무

'나'가 있다는 오만함에서 벗어나,
우리는 전체 안에서 하나임을 보아야 합니다.
나와 남이 없이 모든 것과도 하나임을 보아야 합니다.

• • •

새싹이 움터 땅속에서 새 생명이 솟아 나오자
어느 것은 활기차게 웅비하고
어느 것은 나오자 사라지고, 자라다간 사라집니다.

숲은 그대로인데
어느 것은 죽어야 하고, 어느 것은 살아갑니다.
이것이 친절하고 불친절하고는
나의 이해방식에 달려 있을 뿐
다른 것이 살고 자라기 위해서는

모든 것은 반드시 죽어야 하고 물러나야 합니다.
숲은 그렇게 진화되어 갑니다.

어린 생명의 죽음이 마음을 아프게 함은 나의 이해하는 방식이며,
숲은 그렇게 있습니다.
나의 마음과는 아무런 관련이 없습니다.
그것이 평화입니다.

숲의 평화는
갈 것은 가고 올 것은 와서, 지금 이대로입니다.
설혹 지구의 종말이 온다 해도
불친절하다고 할 것은 없습니다.

갓 솟아난 연녹색의 잎이 가슴을 적실라치면
잎은 금세 파래지고 낙엽이 되어 흙이 됩니다.
숲의 변화는 끊임없이 일어나고
그 변화 속에 내가 있습니다.

변화의 한가운데에서 모두가 그렇게 있음을 봅니다. 숲과 나무를
봅니다. 나무를 보면 하나하나가 안타깝기도 하고 아름답기도 하지만,
숲을 보면 그러해야 하기에 그러한 것입니다. 우리의 제한된 시각이
그러할 뿐, 숲은 단순히 그렇게 있습니다. 나무들이 모여서 숲을
이룬 것같이 보여도 숲에 나무가 있는 것으로, 전체는 부분의 합이
아닙니다. 우리가 모여서 세상을 이루고 사는 것같이 보여도 세상

속에 우리가 있는 것입니다. 세상의 이치를 자신이 이해하는 방식으로 보기에, 자신이 그려놓은 그림에 따르지 않으면 실망하고 괴로워하지만, 세상은 내가 이해하는 방식과는 아무런 관련이 없습니다.

자라기도 전에 죽은 나무를 보며 왜 이런 시련이 오느냐고 안타까워하신 적이 있나요? 나무는 숲을 이루기 위해 자라기도 전에 죽거나, 자라다 죽거나, 천수를 다하고 죽는 것이 당연하여, 우리 앞에 건강한 숲을 보여주고 있는 것을 보면서 하나님 외에 누가 있어 이처럼 완벽한 작품을 조성할 수 있겠느냐 감탄합니다. 그러면서도, 우리에게 시련이 닥치면, 우리는 신을 원망하며 '왜? 하필 나이어야 하는가?'에 몸부림을 치지요. 생각해 보세요. 지구가 건강하기 위해서는 인간이 필요하지 않을 수도 있음을. 인간이 환경 파괴의 주범이고 보면 지구 위의 다른 모두를 위해서는 인간이 필요치 않을 수도 있습니다. 숲이 사는 비결이 어린 나무가 적당히 존재해야 하기에, 소용되는 것을 제외하고 나머지는 가지치기하듯 흙으로 데려가듯이, 우리가 필요치 않을 수 있음을 생각해 보아야 합니다.

'나'가 있다는 오만함에서 벗어나, 우리는 전체 안에서 하나임을 보아야 합니다. 나와 남이 없이 모든 것과도 하나임을 보아야 합니다. 오고 가는 모든 것은 변화일 뿐, 그 안의 '나'는 몸의 변화는 있을지라도 그대로 있습니다. 전체이며 모든 것인 '나'는 아버지와 같이 있습니다. 오가는 모든 변화는 나를 위하여 일어나며 아버지의 영광을 위함입니다. 전 우주가 하나의 숲이어서 천지 만물이 아무리 변화의 모습을 보일지라도 완벽한 숲의 작용입니다. 전 우주가 하나임을 보아야 합니다. 나무만 보고 숲을 보지 못하는 우를 범해서는 아니 됩니다.

북한산성

우리가 하는 일이 하나도 없음에도 우리가 하고 있다고 믿기 때문에
고통이 따릅니다. 자기를 행위자로 여기는 모든 생각은 진실이 아닙니다.
행위자는 전혀 다른 존재, '내가 한다.'라는 이야기 너머의 존재입니다.

• • •

　자기의 생각에서 보면 실재를 상반되는 것들로 나누어, 싫고
좋음이 태어나고 아름다운 것이 따로 있는 듯이 봅니다. 이름이
태어나 분리하지 않는다면 어떻게 우리가 어떤 것을 거부할 수
있을까요? 만일 어떤 사람의 행위가 나쁘다고 믿으면 그 안의 좋은
점은 어떻게 볼 수 있을까요? 만일 어떤 사람을 나쁘게 본다면
우리 모두가 동등하게 창조되었다는 것을 어떻게 이해할 수 있을까
요? 우리 모두는 저마다 살아가는 방식이 다를 뿐, 남들보다 더
선하거나 덜 선한 사람은 아무도 없습니다. 성경이나 불경의 내용을
선한 삶을 위한 경전으로 보면 윤리 교과서나 다름이 없습니다.

하나님께 구하고 원할 게 아니라, 무엇이 하나님의 뜻인지를 헤아리는 마음으로 '내 뜻대로 마옵시고 아버지 뜻대로 하옵소서.' 기도해야 합니다. 어떤 것을 좋다거나 나쁘다고 보는 것은 그것을 충분히 분명하게 보지 못했기 때문일 수 있습니다. 모든 것은 우리가 판단할 수 있는 능력 훨씬 너머에 있습니다.

북한산성에 올라보면 성 안과 밖이 구별되어 있지만 성 안도 성 밖도 다 아름답습니다. 안과 밖을 굳이 구별할 일이 없습니다. 자연의 일부로 역사의 아픔을 간직하고 있을 뿐, 산성 자체로도 충분히 아름다움을 간직하고 있습니다. 인위적으로 개보수를 해보지만 한 해 겨울을 보내고 나면 벌써 군데군데 허물어지는 것이 보입니다. 혹자는 부실공사를 탓하기도 하지만, 자연의 위대함이 드러나는 현장입니다. 함이 없이 하는 자연의 일이 아니라서, 함이 있기에 균열이 생기는 것입니다. 손대지 않은 작은 돌멩이 하나도 그 자리에 그렇게 수십 수백 년을 지켜오는데, 손을 댄 산성은 한 해를 이겨내지 못하고 균열이 생깁니다.

우리가 하는 일이 틀어져서 우리에게 고통을 주는 것은, "하기" 때문입니다. 함이 문제인 것입니다. 우리가 하는 일이 하나도 없음에도 우리가 하고 있다고 믿기 때문에 고통이 따릅니다. 자기를 행위자로 여기는 모든 생각은 진실이 아닙니다. 행위자는 전혀 다른 존재, '내가 한다.'라는 이야기 너머의 존재입니다.

단 한 순간이라도 지속된 일이 있습니까? 내가 하는 일은 없습니다. 삶은 함이 없이 이어지는 신비한 흐름입니다. "내가 한다"는 함이 문제임을 알아서, 함이 없이 해야 합니다. '나 없음'이어야 합니다. 내가 없을 때는 잡고 있는 것이 하나도 없어서 할 일이 하나도 없는 것입니다. 하려고 하기보다는 아버지께 내맡기고 아버지 뜻에 따를 뿐입니다. 닥치는 모든 일을 적극적으로 수용하며 아버지께 감사의 기도를 올릴 뿐입니다.

풀 한 포기에서부터 돌멩이 하나까지 있어야 할 곳에 있고, 그것의 영속성은 인위적인 행함의 결과와는 너무나 다름을 보게 됩니다. 북한산성을 따라 걷다 보면, 함이 있음에, 함에 따라 기우는 불균형을 보게 되고, 함이 없음이 얼마나 균형을 이루는지 보게 됩니다. 행함이 얼마나 부질없으며 내가 살아온 것이 아니라 살아져 왔음을 실감하게 됩니다. 내세울 것이 하나도 없이 경건히 지켜볼 뿐입니다.

태어남도 죽음도 없이,
있는 것은 하나도 없이,
오로지 아버지와 함께하는 것뿐입니다.
모두가 하나인 사랑의 품 안입니다.

좋은 친구

원할 것이 하나도 없이 다 갖춰져 있기에
원할 게 아무것도 없습니다. "'나 없음'으로 내 안을 텅 비워놓을 때,
텅 비어 있기에 모든 것을 받을 수 있는 것입니다.

• • •

　나에게는 훌륭한 친구가 많이 있습니다. 어떤 친구는 학자로서
첨단을 걷고 있고, 어떤 친구는 의사로서 병자를 치료해 줍니다.
존경하고 자랑스러워 여러 사람 앞에서 얘기를 할라치면 입에 침이
마르도록 친구 얘기를 합니다. 대단한 친구를 곁에 두고 있어서 다들
부러운 눈치로 나를 보는 듯하여 어깨를 으쓱거리며 운동선수인
또 다른 친구 얘기를 할 때면 넌 무슨 운동을 잘 하느냐고 물어오지만
난 할 줄 아는 운동이 별로 없습니다. 한번은 돈 많은 친구 얘기를
했더니 듣고 있던 한 친구가 "그 친구가 널 많이 도와주는가 보다.
정말 널 실제로 도와준 적이 있어?" 퉁명스럽게 묻길래, 할 말을

잊고선 너희들은 그런 친구라도 있느냐고 물어보려다 꾹 눌러 참았습니다.

미쁘신 나의 좋은 친구인 예수는 항상 내 곁에서 기도에 응답해주시고 자비가 가득한 붓다는 항상 지혜의 빛을 발하여 갈 길을 인도하지만, '나'는 구하고 원할 뿐, 사랑도 지혜도 부족함을 당연하게 여깁니다. 미약한 인간이 감히 예수와 붓다를 견주어 생각함이 죄스러워 그들이 간 길은 그들의 길이요 나와는 거리가 멀게 느껴지곤 합니다. 충분히 존경하며 우러러 받들고 있음을 내세워 예수와 붓다에게 가까이 있다는 것으로 안위합니다. 예수의 사랑과 붓다의 지혜를 한없이 찬미하며 그들을 많이 알고 있는 듯이 대중 앞에서 떠들어댑니다. 내 친구가 부자라고 떠들듯이, 국회의원인 친구가 있다고 우쭐대듯이 떠들어댑니다. 그러나 나는 가난하며 권력이 없습니다. 나는 사랑도 부족하고 지혜도 부족하여 예수와 붓다를 찬미하는 게 전부입니다.

만일 내가 부자이고 권력이 있다면, 내 안에 사랑과 지혜가 충만해 있다면, 친구 얘기가 아니라 내 얘기가 되고 예수와 붓다의 얘기는 내 삶이 되겠지요. 예수의 사랑과 붓다의 지혜가 아무리 성스러워도 그 사랑이나 지혜를 내 안에서 발견하지 못하면 그들의 훌륭함이 나에게 무슨 소용이 있을까요? 구하고 원하면 응답해주는 신이 있다고 믿는 사람은, 부자인 친구를 둔 가난뱅이 나와 다를 게 무엇인가요?

내 안에 다 갖춰져 있습니다. 그것을 보라고 그리스도와 붓다는 그리도 간절히 얘기하고 있는 것입니다. 그리스도와 붓다는 아버지가 모든 것을 다 주셨음을 보라고 안내자로 보낸 우리의 형제요 친구입니다. 아버지께 같이 갈 동반자입니다. 아버지께 같이 갈 정말로 좋은 친구를 만나는 길은, 아무것도 원하는 게 없어야 합니다. 원할 것이 하나도 없이 다 갖춰져 있기에 원할 게 없는 것입니다. '나'는 그렇게 장엄하여 아버지와 하나인 존재입니다. 다만 '나 아닌 나'를 나로 믿고서 아버지와 나를 분리해 놓음이 문제입니다. '나 없음'으로 내 안을 텅 비워놓을 때, 텅 비어 있기에 모든 것을 받을 수 있는 것입니다.

제나는 좋은 친구가 아닙니다. 모든 것을 분리하여 갈등을 조장하고 선을 행함이 아버지 뜻인 것처럼 믿게 하는 요술쟁이입니다. 내가 보는 것은 '나'에게서 나오기에, 아무리 성스러운 생각이라도 믿어서는 안 됩니다. 모두가 하나이기에, 성스러운 것도 그 어떤 것도 없이 아버지와 같이 있을 뿐입니다. 일어나는 모든 생각을 믿지 않고 '나 없음'에 있으면, 아버지와 하나임을 봅니다. 정말로 좋은 친구는 '나 없음의 나'입니다.

사노라면

내가 나를 믿지 않고 아버지께 내맡기면
나는 아버지와 하나입니다. '나'라고 믿는 그 '나'를 떠나
'나 없음'에 있으면 모두가 하나입니다.

• • •

사노라면 중요하고 힘든 일이 있는가 하면 그냥 스쳐 지나치는 일들도 있습니다. 세상에 살아남기 위해선 필연적으로 중요한 일이 있게 마련이어서 부지불식간에 욕심을 내게 되고 집착하게 됩니다. 남보다 앞서야 하고, 힘을 가져야 하고픈 일을 할 수 있다는 강박관념에 내몰려 앞만 보고 달려가지만, 뜻대로 이루어지는 일은 많지 않아 고통을 수반하기도 합니다. 사는 데 필요한 것이 무엇인지 살펴볼 겨를도 없이, 힘이 없으면 낙오자가 되어 세상 살기가 힘들어지고 멸시당할까 하는 두려움마저 일어납니다. 한 세상 사는 게 보통 어려운 게 아닙니다. 갖춰야 할 것이 너무도 많고, 윤리적으로 인격적으로

성숙해야 하며, 슈퍼맨이라도 됐으면 좋을 것 같은 마음이 들면서도, 무엇을 위해서인지는 살펴볼 기회도 없이 남들이 가는 길을 따라갑니다. 지배하려는지, 지배받지 않으려는지, 무엇을 위해서인지는 깊이 생각지 않고, 성공이라는 열차에 탑승하려는 열망에 쌓여 있지만, '나는 과연 행복한지에 대한 의문'은 항상 남아 있습니다. 남의 생활이 좋아 보여도 그것은 내 생각이며 '좋은 것'은 없습니다. 힘이 많으면 좋을 것 같아도 많은 힘을 주체하지 못하여 손오공 같은 망나니가 되기도 하고, 힘이 없으면 힘들 것 같아도 제 힘 닿는 대로 하면 되므로 불편할 일은 별로 없습니다. 내 마음에 달려 있을 뿐 '이것이 좋은 것'이라고 정해진 것은 없습니다. 향락에 빠져 사는 삶이 좋아 보이면 정말 행복한지 물어보고, 존경받고 인정받으며 살고 싶으면 얼마나 힘든지 물어보세요. 하고 또 해서 얻어지는 것이 무엇인지 물어보세요. 당신이 원하는 건 성공인가요, 행복인가요?

돈이 없어 해외여행 못 갈 때는 속이 불편하더니, 코로나19 여파로 해외여행 못 가서 오는 불편한 심기는 사라졌습니다. 해야 할 일이 정해진 것도 아니고, 하고픈 일도 그때그때 다릅니다. 착하고 옳은 일이 있는 것도 아니고, 해야만 하는 중요한 일이 있는 것도 아닙니다. 단지 하나 중요한 일은 '밥 먹는 일'입니다. 오줌 누고 똥 싸며, 옷 입고 밥 먹으며, 졸리면 잠자는 일 말고는 중요한 일을 찾을 수가 없습니다. 밥 잘 먹고 나면 나머지는 술술 풀리게 되어서, 꼭 해야 할 일도 없고 기도할 일도 없습니다. 다 주신 아버지께 기도한다고 더 주실 일도 없고, '지금 이대로'가 부족한 게 없는데 무엇을 더 바라겠습니까? 바라는 마음이 얼마나 속절없고 허망한 일인지 살아보면 알게 되죠. 노력으로 이루어지는 일도 없고, 발버둥친다고 빠져나오 것도 아니며, 모든 것은 아버지께서 거저 주시는 것입니다.

삶이란 참으로 신비한 것이어서 내 뜻대로 되지 않습니다. 다 주신 것을 누리며 살면 되는데 누릴 생각은 아니 하고, 짓눌려 살려 하니 되는 일이 있겠어요? 모든 것이 순리대로임을 말씀하신 선인들의 얘기를 귀담아들을 필요가 있습니다. 억지로 되는 일이 없이 '순리대로 ~이더라'는 얘기는 살아본 경험의 얘기여서 관념의 생각과는 다릅니다. 해야 한다는 관념에 짓눌려 하는 것이 옳은 줄 알지만, 함이 없이 해야 합니다. 다 주어졌는데 할 일이 무엇이겠습니까? '함이 없이 함'은 삶을 '누리게' 해줍니다. 부족한 것 없이 모든 것이 충분합니다. 지금 보세요. 무엇이 부족한지? 남아돌아가면서도 더 가지려 하니 힘이 들고 괴로움만 쌓이는 것입니다. 순리에 따르라는 말은, 하려고 애쓰지 말라는 얘기죠. 이게 삶의 신비입니다.

'나'를 버리면 삶은 참 순조롭습니다. 내가 나를 주장할 때 삶은 꼬이기 시작하여, 할 일이 줄지어 나타나고 일에 파묻혀 허우적거리다 가 사슬에 얽매어 삽니다. 다 주신 아버지께 감사하며 한껏 누리고 사는 자유를 만끽하십시오. 삶은 그렇게 행복합니다. 비결은 '내 생각 을 믿지 않는 것', 이 하나면 충분합니다.

늙어감을 한탄하지만, 늙어감에 감사하지 않음은 신께 도전하는 것으로, 이루어질 수 없는 것을 가슴에 품고서 평온하길 바라는 어리석 음입니다. 젊음을 유지하여 무엇을 하려는지, 젊을 때 방황하던 생각은 다 잊었는지, 바라는 게 적어진 지금의 나이 든 나에 감사하지 못함이 무엇일까요? 살아오며 배운 많은 것은 어떤 것도 부질없는 욕심이었습니다. 내려놓아야 하는데 더 가지려 했으니, 얼마나 힘에 겨웠을까를 생각할 때마다 젊음으로 돌아가고픈 생각이 사라져버립니다. 건강하길 바라는 마음도 부질없는 마음으로 자연에 순응함이 순리이며, 건강하지 못한 만큼 내려놓아져서 마음이 오히려 가벼워집니다. 건강과 자유는 별개여서 건강하지 못하다고 자유롭지 않은 것은 아닙니다. 이제 겨우 '나'를 찾아 자유롭게 살게 됨이 다 나이 든 덕이라 생각하면, 늙음이 너무나 고맙고 감사합니다.

살아온 내가 거짓된 '나' 임을 알고 나면, 내가 나에게 속는 일은 적어집니다. 모든 것을 다 주신 아버지께 감사하며 기도할 일도 없어지고, 할 일이 하나도 없습니다. 세상은 내가 생각하는 만큼 협소한 것이 아닙니다. 무한합니다. 그 무한함이 '나'입니다. 내가 나를 믿지 않고 아버지께 내맡기면 나는 아버지와 하나입니다. 성경, 불경 등, 모든 경전이 다 진리를 가리키는 손가락에 불과합니다. 손가락을 보며 내 생각을 믿어서야 되겠습니까? 달을 보세요. 아버지를 보는 순간 아버지와 나는 하나이며 모든 것이고 불생불멸이요 영생불멸입니다. '나'라고 믿는 그 '나'를 떠나 '나 없음'에 있으면 모두가 하나입니다.

여기까지 살아온 당신, 환영합니다. 얼마나 힘들고 어려운 길을 걸어왔나요? 이제 모든 짐을 내려놓고, '나'마저 내려놓으십시오. 그리고 언제든 아버지께 갈 준비를 하십시오. '나'만 없으면 지금 이곳이 아버지 집입니다. 아버지 집이어서 할 일이 하나도 없이 그냥 거하기만 하면 됩니다. 항상 감사와 사랑 안에 있습니다. 나만 없으면.

'나'를 버리면 삶은 참 순조롭습니다.
내가 나를 주장할 때 삶은 꼬이기 시작하여,
할 일이 줄지어 나타나고 일에 파묻혀 허우적거리다가
사슬에 얽매어 삽니다. 다 주신 아버지께 감사하며
한껏 누리고 사는 자유를 만끽하십시오.
삶은 그렇게 행복합니다. 비결은
'내 생각을 믿지 않는 것', 이 하나면 충분합니다.

아프다는 것

찌꺼기가 구석구석 하도 많아 찾을 수도 없을 만큼 많아서
온 마음을 헤집고 돌아다니고 있습니다.
…아픔은 우리를 일깨워 주시는 아버지의 은혜입니다.

• • •

아프다는 것은 여간 힘든 일이 아닙니다. 몸이 아프든 마음이
아프든, 아프다는 것은 누구에게나 떨쳐내어 피하고픈 첫째 과제일
것입니다. 몸이 아프면 마음도 따라 아프고, 마음이 아프면 몸도
따라 아파서, 아픔을 떠날 수만 있으면 무엇이든 무슨 일이든 할
것 같은 마음이 듭니다. 아픔이 그만큼 우리를 힘들게 하기 때문이죠.
아프지 않을 때는 모르고 지내다가, 몸이 아프면 건강같이 소중한
것이 없음을 통감하고, 마음이 아플 때면 맘 편안한 게 제일이라
여깁니다. 건강할 땐 모르고 지내던 소중한 것들이 새록새록 차고
들어와서 제자리를 찾아갑니다. 네가 있어 정말 행복했음도 알게

146

되고, 그것이 그렇게 소중한지도 느끼게 되어 삶을 다시 한 번 돌아보는 계기가 되기도 합니다. 편할 땐 잊고 있다가 힘들게 되어서야 찾게 되는 소중한 것들을 돌아보라고 아픔을 주시는지는 몰라도 아픔은 피하고픈 첫 번째 품목입니다.

가슴이 쓰립니다. 무엇이 나를 이렇게 아프게 하는지도 모르면서 아픈 가슴은 쓰라립니다. 도무지 평온할 수 없는 이 마음은 무엇이 부족하여 일어나는 불협화음일까요? 무엇을 일깨우려 이런 아픔을 주시는지 알 길이 없습니다. 어느 마음인지 알아야 떠날 수도 있으련만 쓰라린 마음은 애틋함이 되어 무엇인가를 더욱 찾아다니게 됩니다. 버려야 할 무엇을 찾으려 하기에 가슴은 더욱 미어지는지도 모르죠. 무엇이 채워지지 않아 가슴 한쪽이 텅 빈 쓰라림으로 자리하고 있을까요? 무엇일까요?

아픔은 아픔대로 무언가를 주고, 아프다고 자유롭지 못할 일은 없는데, 무언가에 붙잡히어 자유롭지 못함이 제일 큰 아픔입니다. 무엇 때문에 나와 당신을 분리하여, 당신을 떠나려 하는지 모르겠습니다. 모두가 하나이기에 떠나려 할 일도 없고, 떠나려 하면 할수록 당신은 더욱 가까이 다가옴을 알면서, 굳이 떠나서 찾을 것이 무엇인가요? 출가함이 가출과는 달라서 몸이 떠나지 않고도 출가는 얼마든지 할 수 있으려니 하는 생각은 오만함이었는지, 도무지 마음이 정해지지 않습니다. 고요는 다 버림에 있음인데, 무엇을 버리지 못하는지 알 수가 없습니다. '나 없음'의 실체는 진실로 하나도 남김없이 다 버려야 하는 것인데 무엇이 남아서 찌꺼기를 남겨놓고 있는지 알 수가 없습니다.

아프다는 것이 이렇게 힘든 일이기에, 아픔을 주어 일깨우려 하신다는 것을 알겠습니다. 아버지, 어찌해야 하오리까? 남은 찌꺼기가 무엇일까요? 찌꺼기가 구석구석 끼어 있어, 하도 많아 찾을 수도 없을 만큼 많아서 온 마음을 헤집고 돌아다니고 있습니다. 아픔을 주지 않았던들 알 수도 없는 찌꺼기들이 이리도 많을 줄 몰랐겠지요 아픔도 아버지의 은혜임을 다시금 깨닫게 됩니다. 아픔은 우리를 힘들게 하려는 게 아니라, 일깨우려 주시는 아버지의 은혜입니다. 아픔이 와도 더 큰 아픔 앞에서는 잊게 되어 아픔인 줄 모르고, 조그만 아픔에도 피하려고만 하는 생각엔, 아프지 않으면 할 일이 있는 것도 아닙니다. 아픔의 치유는 오직 본인만의 뜻임을 이로써 알 수 있습니다. 깨닫지 못하면 아픔 속에 있어야 하고, 그래야 깨닫게 되겠지요.

아버지께서 원하시는 것은 깨달아 아버지께 오라 함이니, 그 깨달음을 위해 이렇게도 저렇게도 기회를 주시는 것은 모두 아버지의 은혜입니다. 때론 큰 기쁨으로, 때론 절망에 빠트리어, 네가 누구인지를 보라 하십니다. 다 내버리고 아버지를 찾아오라고 아픔도 주십니다. 네가 없는데 아픔인들 있을 수 있겠느냐 묻고 계십니다. 아픔은 머물기 위해서 오는 게 아니라 지나가기 위해서 옵니다. 잠시 잠깐 왔다가 훌쩍 지나가죠. 무언가를 주러 와선, 간다는 인사도 없이 갑니다. 아픔은 '나 없음'의 길을 인도함이요, 아버지를 찾아 돌아오라는 일깨움입니다.

정직

자식은 나를 위해 있는 것이 아니요,
내 뜻에 합당하게 살아야 하는 게 아닙니다.
'내 생각'이 없으면 자식에 대한 사랑뿐입니다.

• • •

정직만큼 좋은 것이 또 있을까요? 이 세상에서 좋은 덕목 하나를 꼽으라면 정직이라 하겠습니다. 깨달음에 이보다 좋은 말이 떠오르지 않네요. 자신에게 정직한 것만큼 평화를 가져오는 것도 없습니다. 정직은 자신을 있는 그대로 드러내게 하기에 맺힌 것이 없이 속이 후련합니다. 자신의 생각을 믿고서 불편하기보다는, 생각이 거짓임을 정직하게 인정하면, 그 생각을 이해하게 되고 불편함은 사라집니다.

체면 때문에 점잖은 척해 보지만 속은 불편하고, 사랑하는 척 대하지만 마음이 다른 데에 있다면 당신은 어디에 있나요? 사람들의 눈을 의식하여 나를 떠나 살면 내 삶이 아니죠 그러면서도 다 그렇게 산다고 여기면서, 세상은 그렇게 사는 거라고 웃어 넘겨보지만, 마음은 불편합니다. 적어도 자신에게만은 정직하세요. 그러면 남들이 뭐라 하든 '나도 알고 있거든!' 하고 웃어넘길 수 있습니다.

아내는 이래야 하고 아들은 그러면 안 된다는 믿음이 어디에 기인하는 것인지 정직하게 살펴보면, 그것은 내가 원하는 것일 뿐, 아내와 아들과는 아무런 상관이 없습니다. 옳음이 정직과는 달라서, 자신의 옳음이 다른 사람도 같은 생각이어야 한다는 믿음이 과연 옳은 것인지 정직하게 물어보면 그것은 내 생각임을 알게 됩니다. 내 생각으로 아내를 보고 아들을 보고 있는 것입니다. 이것을 정직하게 보아야 합니다. 정직하게 보면 진실을 찾을 수 있습니다.

힘을 원할 때에도 왜 힘을 필요로 하는지 잘 살펴보면 남을 지배하려는 마음이 자리하고, 다른 사람들 위에 군림하여 하고픈 대로 마음껏 활개치며 살고자 하는, 필요 이상의 욕심이기 쉽습니다. 다른 사람의 굴복을 강요하는 일 말고는 힘이 필요한 곳이 없습니다. 힘은 우리를 시험하는 사탄일 뿐, 전혀 쓸모가 없습니다.

이렇게 하면 더 괜찮아질 것이라고, 저렇게 하면 더 좋아질 것이라고, 이 생각 저 생각 궁리하기 바쁘지만, 정직한 마음만이 문제를 있는 그대로 보고 바르게 나아갈 길을 알 수 있습니다. 모든 것이 내가 생각하는 대로여서 내가 그린 그림에 만족하지만, 진실을 외면해서는 안 됩니다. 내가 원하는 것인지, 이래야 한다는 옳음인지, 진실을 떠나서는 참을 볼 수 없기에 평온할 수 없습니다. 정직하게 자신의 내면을 돌아보아야 합니다. 모든 것이 나의 투사이어서, 원하는 것과 옳다는 것이 눈을 가려 '있는 그대로' 보이지 않기에 무엇이 진실인지 알 수 없습니다. '나'를 내려놓고 보기 전에는 내 생각의 확인일 뿐입니다. 자기 자신에게 정직해지려면 내 생각인지 내 생각 없이 보고 있는지 살펴보아야 합니다. '나 없음'만이 진실이며, 내가 있는 한 거짓임을 분명히 깨달아, '나 없음'에 있어야 합니다. 내 생각에 있으면서 정직하다 하면 자기만이 정직하고 남은 다 거짓이라는 얘기죠. 내 생각에 집착하면서 스스로 정직하다고 여기는 것은 '자기 합리화'일 뿐 진실에 기반한 정직은 아닙니다. 참, 거짓을 판별함에 무엇을 내세울 수는 없으며, 오로지 정직함만이 진실에 이르게 합니다.

"내가 있으면 거짓이요, 내가 없으면 참이다. '나 없이' 보았느냐?" 하는 물음에 정직해야 합니다. '나'에 물든 모든 것은 거짓임을 똑바로 보아서, 내 시각일 뿐임을 정직하게 인지해야 합니다. 내 시각은 항상 옳기에 옳음을 주장하지만, 옳으냐의 문제가 아니라 진실이냐의 문제로 '내 생각 없이' 보느냐에 달려 있음을 인지해야 합니다.

자식을 위한다고 열심히 설득하고 인도하지만 자식의 인생과는 거리가 멀어서 부모와 자식 사이의 거리만 멀어지는 경우가 얼마나 많은지 모릅니다. 자식의 인생에 끼어들어 통제하려 하지 않고 자식을 '있는 그대로' 보아주는 것, 그것이 자식에게 정직하게 반응하는 것입니다. 자식은 나를 위해 있는 것이 아니요, 내 뜻에 합당하게 살아야 하는 게 아닙니다. 내 생각이 없으면 자식에 대한 사랑뿐입니다. 이게 진실이요 정직하게 보는 것입니다. 나를 자유롭게 하는 것이 정직이며, 나 자신의 진실입니다. '나 없음'의 물음에 정직하게 답하며 '나 없음'의 진실을 보십시오.

관계

모든 것이 내 생각으로 맺어진 관계임을 인지하고,
'나'로부터 잉태됨을 이해하여
나의 관점을 떠나서 세상을 대해야 합니다.

• • •

우리는 관계 속에 있습니다. 부부관계, 부모와 자녀, 친구, 동료,
수많은 사회 관계망 속에서, 더 나아가 모든 것들과의 관계 속에서
살고 있습니다. 이 모든 것이 없으면 '나'도 있을 수 없어서, 필요
없는 것은 하나도 없이 함께 엮이어 있습니다. 홀로 있을 수는 없어서
함께 살아가며 많은 일들을 겪게 됩니다. 좋을 때도 있고, 부담스러울
때도 있고, 적대시하며 싸울 때도 있지만, 우리는 그렇게 부대끼며
살아갑니다. 나와 당신의 관계처럼 분리되어 있기에 항상 분별하며
사는 관계입니다. 사리분별이 바름을 바른 길이라 여기며 다름을
표방하지만, 분별이 주는 판단과 해석은 둘 사이를 판단하는 만큼의

거리를 두게 합니다.

사랑하고 헤어지고 많은 일들이 일어나는 까닭은
분별이 주는 판단에서 비롯됨을 모르고,
원망과 아쉬움을 남긴 채 회한을 가져옵니다.
영원할 것 같은 관계가 틀어져서 헤어짐의 슬픔으로 찾아옴은
자연의 섭리이고 무상함입니다.
바라는 게 적을수록 오래가는 관계가 이어짐을 알면서도,
바라는 마음은 불쑥불쑥 일어나서
원만한 관계는 오래가지 못합니다.

생각해 보면 모든 분쟁이 관계 속에서 일어납니다.
빼앗으려는 악의적인 관계가 아니더라도
사랑하기에 미움이 싹트고 믿음에서 실망이 일어납니다.
괴로움이 관계에서 싹트는 듯이 보이지만,
괴로움은 분리에 있음입니다.
모든 관계가 불만을 품고 있습니다.

내가 괴로운 건 내 밖의 것 때문인가요,
아니면 '나' 때문인가요?
남이 나를 괴롭게 한다면 그것을 멀리하면 될 것인데,
버림도 내 마음이요 버리지 않음도 내 마음인데,
괴로움은 왜 따라다니며 벗어나지지 않을까요?

괴로움은 내 안에 있습니다.
내가 있기에 괴롭다는 이야기죠.
모든 괴로움은 '나'로부터 기인하는 것이라는 얘기죠.
내가 없으면 괴로움이 있을 수 없다는 이야기로,
나 없음'이 괴로움 없는 '신령한 나'라는 얘기죠.
모든 것이 내 생각으로 맺어진 관계임을 인지하고,
'나'로부터 잉태됨을 이해하여
나의 관점을 떠나서 세상을 대해야 합니다.

모든 관계가 서로를 인정하는 인격적인 관계이어야 하는 이유는, 그럴 때 비로소 대등해지기 때문입니다. 대등하지 않은 관계는 주종관계로 전락하여 평화와는 거리가 멉니다. 그들이 동물이든 식물이든 하나의 인격체로 보고 동등한 관계를 설정해 나갈 때, 지구에 평화가 오게 될 것입니다. 지구상의 모든 것은 있어야 하기에 있어야 할 곳에 있고, 그것은 완벽한 우주의 일부로서 그러해야 하기에 그러한 것입니다. 그러기 위해서는 '나 없음'으로 대해야 합니다. '나 없이' 관계 맺음은 내가 없기에 내 밖의 것도 없이 모두가 하나입니다.

모든 갈등은 관계에서 비롯되며, 그 갈등의 중심에 내가 있습니다. 모든 것이 '나'로부터 일어나며 내가 전부입니다. 일어나는 모든 일이 나에게 일어는 것이 아니고, 그 일이 '나'이기에 나를 위해 일어나는 것입니다. 무엇 때문에 일어나는 일은 없습니다. 일어나는 일이 '나'입니다. 어떤 일이 일어나도 그 일은 '나'입니다. 사랑하는 사람과의 관계도 나이며, 설혹 태풍이 불어 지붕이 날아가는 시련을 맞아 그 일이 왜 나에게 일어나느냐고 신을 원망해도 그 일은 '나'입니다.

가만히 생각해 보세요. '나 없음'에서. 그러면 나에게 일어나는 일은 없습니다. 신비로운 것은 모든 일이 그러해야 하기에 그러하고, 그 일이 '나'라는 것입니다. '나' 아닌 것이 있는지 살펴보세요. 모든 것이 '나'입니다. 이를 이해하면 모두가 나이며, 하나입니다. 모두가 나이기에 사랑하지 않을 수 없으며, 날 위해 일어나므로 감사하게 됩니다.

'나 없음'에서 보면 모두가 하나이고,
관계란 없습니다.
관계라는 분별을 지우고 모두가 하나임을 보세요.
그대가 '나'임을.

벌거벗은 임금님

대지와 물과 불, 필연코 모래 한 알까지, 그리고 지구, 태양, 우리 은하,
전 우주가 하나로 존재하며 맞물려 있음을 봅니다.
이 중에 어느 하나만 없어도 나는 존재할 수 없습니다.

• • •

안데르센의 동화 <벌거숭이 임금님>에는 늘 새 옷을 입고 뽐내기
좋아하는 임금님이 나온다. 어느 날, 사기꾼 두 명이 나타나서,
자신들은 세상에서 가장 아름다운 옷감을 짤 수 있는데, 그 옷감은
바보의 눈에는 보이지 않는 신비한 옷감이라고 너스레를 떤다.
임금님은 귀가 솔깃해져서 당장 옷을 만들라고 명령을 내린다.

사기꾼들은 베틀을 놓고 옷감을 짜기 시작하지만, 베틀 위에는
아무것도 놓여 있지 않았다. 밤 늦도록 빈 베틀에 앉아 열심히
베 짜는 시늉만 한 것이다. 며칠이 지나서, 두 사기꾼은 옷이 완성되

었다면서 임금님 앞에 가져오지만, 임금님 눈에는 아무것도 보이지 않는다. 하지만 옷이 보이지 않는다고 하면, 바보라는 말을 들을 것이 뻔하니 어쩌겠는가? "오, 이 세상 어디에서도 찾을 수 없는 멋진 옷이야." 칭찬을 하는 수밖에!

두 사기꾼은 옷을 입혀 주는 척한다. 임금님도 몸을 돌려 거울을 보는 척한다. 벌거벗은 임금님을 본 신하들은 깜짝 놀랐지만, 신하들 역시 바보라는 말을 들을까 봐 거짓말을 한다. "이런 색과 무늬는 처음입니다! 참 잘 어울리십니다."

드디어 임금님의 행진이 시작된다. 길가에 나온 사람들도 모두 임금님의 옷을 칭찬한다. 하지만 한 어린이가 큰 소리로 외친다. "임금님이 벌거벗으셨다!"

어린이의 말을 들은 사람들은 그제야 웃음을 터뜨린다.

지금 우리는 온 세상이 최면에 걸려 있음을 보아야 합니다. 착한 사람에게는 안 보이는 비단옷을, 그런 비단옷이 있다고 믿는 최면에 걸려 있는 것은 아닌지 살펴보아야 합니다. 관념에 사로잡혀 없는 것을 있다고 믿는 최면에 걸려 있습니다. 그래서 어린아이와 같지 않고는 하늘나라를 볼 수 없는 것입니다. 관념의 사슬에 묶여 자기의 생각 안에 있는 것만을 인정하고 끊임없이 분리해가는 일에 열중하다 보니 하나임을 보지 못하고 아버지와 함께하지 못합니다.

한 그루의 나무를 보고 산이라고 하지 않고, 북한산을 이루는 모든 것을 하나로 보고 북한산이라 하듯이, 우리 모두는 나와 남이 없는 하나의 사람입니다. 남이 있기에 내가 있으므로 나를 떠나 모두가 하나임을 보아야 합니다. 철저하게 자기를 부정하고 내 것이라는 것이 없이 텅 비워놓으면 아버지를 봅니다. 아버지와 아들과 성령이 하나임을 봅니다.

당신을 자유롭게 하는 것은 '진실'입니다. 다른 어떤 사람의 진실이 아니라 '당신 자신의 진실'을 보아야 합니다. 모든 개념이 진실을 알아차리지 못하게 가로막고 있기에, 우리는 묻고 물으며 진실에 접근해야 합니다. 아무것도 걸치지 않은 임금이 무엇을 입었다고 여겼을까요? 혹시 우리가 발가벗은 임금이 아닐까요? 무엇에 사로잡혀 있는지 알아차려야 진실을 보게 됩니다. 개념은 분리의 근본이며 나누는 일에 열중할 뿐 진실과는 거리가 멉니다.

우리가 물어야 하는 것은 '그곳에 네가 있느냐?' 하는 물음이며, 개념의 옳고 그름이 아닙니다. 임금의 눈에 보인 옷은 옷에 임금이 있기에 그리된 것입니다. 내가 없으면 진실은 저절로 나타나 보여줍니다. 그곳에 '나'가 있는지 물어서 '나'가 있으면 거짓입니다. 일어나는 모든 일에 '나'가 있는지를 알아차리는 것, 그것이 알아차림의 전부입니다. 알아차리곤 아버지께 내맡기고, 알아차리곤 내맡기고, 더 이상 내맡길 것이 없을 때까지 자기부정을 하고 가게 되면, 나중에 남는 것은 아버지밖에 없습니다. 모두가 하나요 분리할 일이 없습니다. 나 한 사람을 위해서 전 우주가 필요합니다. 대지와 물과 불, 필연코 모래 한 알까지, 그리고 지구, 태양, 우리 은하, 전 우주가 하나로 존재하며 맞물려 있음을 봅니다. 이 중에 어느 하나만 없어도 나는 존재할 수 없습니다. 내가 있음은 당신이 있기에 가능하며, 나와 당신은 둘이 아닌 하나입니다. 아버지와 하나이고, 아버지가 주신 생명이며, 아담에게 불어넣은 숨결입니다.

　내 생각으로 하늘을 보는 것은 대롱을 통해 하늘을 보는 것과 같습니다. 내 생각에 불과함을 모르고 눈에 들어오는 세상을 전부라 여기고, 전부를 다 보았다고 여깁니다. 내가 얼마나 협소한지를 모릅니다. 아는 만큼 보인다면서 많이 앎을 드러내지만, 알아봤자 자기 생각에 불과합니다. 얼마나 협소한지 참으로 안타까워서 '어쩌면 저러고 살까?' 한숨 소리가 저절로 나올 때가 많습니다. 그리스도와 부처의 안타까운 마음을 알 듯합니다. '나'에 갇혀 있지 않으면 전체가 자기 것인데, 전부를 내팽개치고 조금을 가지고 더 가져보려고 아웅다웅 내 것 네 것을 분리함이 얼마나 안타까운지, '하늘나라가 네 안에 있다'고 말씀하십니다. 매년 유행 따라 바뀌는 옷가지가 임금님의 옷과 어떻게 다를까요?

좋은 사람 Ⅱ

좋은 것과 나쁜 것, 좋은 사람과 나쁜 사람은
오직 비교와 대조를 통해서만 성립되며, 어떤 것이 나쁘게 보이는 것은
아직 그것을 충분히 분명하게 보지 못했기 때문일 수도 있습니다.

• • •

좋은 것은 나쁜 것의 토대 위에 있게 되므로, 내가 좋은 사람이
되면 다른 누군가는 나쁜 사람이라는 뜻입니다. 좋은 일 하고 좋은
소리 못 듣는 것은 제 딴에 좋은 일일 뿐 누구에게나 좋은 일은
없기 때문입니다. 좋은 일 하려 하지 마세요. 자기가 좋은 일을 하고자
하면 자기 생각에 좋은 일입니다. 남의 시선은 무시하고 자기밖에
없는 도드라진 사람을 좋아할 사람은 많지 않습니다. 좋다, 나쁘다는
판단부터가 잘못입니다. 좋고 나쁨은 누가 규정하나요? 혹시 자기를
드러내려고 좋다고 알려진 일에 나서는 것은 아닌가요? 열심히 살면
좋은 삶인가요? 그 일이 어떤 일이기에 그리도 열심히 합니까? 남보다

앞서고 자기의 이익을 위해 열심히 사는 것이 좋은 일이라면 이 세상은 어떻게 될까요? 경쟁의 소용돌이 속에서 쉼이 없는 힘든 삶이 되지 않을까요? 남을 위해 사는 사람은 좋은 사람인가요? 남을 위한다면서 남의 인생에 뛰어드는 것이 과연 좋은 일일까요? 내가 좋은 사람이 되면 다른 사람은 나쁜 사람이 됨을 깊이 생각해보아야 합니다.

자기의 판단에 기대면 세상을 몹시 작고 위험한 곳으로 만들 수도 있으므로 주의해야 합니다. 좋은 것과 나쁜 것, 좋은 사람과 나쁜 사람은 오직 비교와 대조를 통해서만 성립되며, 어떤 것이 나쁘게 보이는 것은 아직 그것을 충분히 분명하게 보지 못했기 때문일 수도 있습니다. 나는 모든 사람이 최선을 다해 살아왔음을 믿습니다. 세상 사람들이 나쁘다고 하는 것은 그들의 눈에 그렇게 보이는 것일 뿐, 모든 사람은 나름대로 잘 살기 위해 몸부림치며 살아가고 있습니다. 누가 누구를 판단할 수 있겠습니까?

이 세상의 눈으로 볼 때는 이것저것 구별되어 보이겠지만
아버지의 눈에는 모두가 하나입니다.
착하고 선한 것은 없으며,
무엇이 아버지의 뜻인지가 우리의 과제일 뿐입니다.
내가 누군가를 나쁘다고 여긴다면, 그것은 내 생각일 뿐,
그 사람과는 아무런 상관이 없습니다.

내가 그 사람을 어떻게 알 수 있으며, 그 사람 안의 선함을 어떻게 볼 수 있겠습니까? 모든 사람은 다 자기의 세계가 있고 그 세계에서

삽니다. 각자의 세계에서 최선을 다하며 살아가고 있고, 그 사람이 없으면 나도 없기에 우리는 하나로 같이 살아가야 하는 공동 운명체입니다. 다만 이것을 서로가 알아 협동하며 살아가느냐 하는 문제가 있을 뿐입니다. 그러기 위해서는 우리가 하나이고 아버지의 뜻이 무엇인지 살펴보아야 합니다. 저마다 나를 드러내려고 애쓰다 보면, 다툼이 따르고 협동과는 거리가 멀어집니다. 자기를 버리고 아버지의 뜻에 따르는 '나 없음'의 길이 공생의 길입니다.

좋은 사람이란 좋고 나쁨이 없이 자기가 없는 사람입니다. 자기가 한다는 생각이 없이 닥쳐온 일이기에 그냥 하는 것입니다. 나와 남이 없이 함께 사는 사람입니다. 자기가 없는 사람은 자기의 생각을 믿지 않으며, 함이 없이 합니다. 자기를 행위자로 여기지 않고 '내가 한다.'라 는 이야기가 없습니다.

누구 생각인가?

내가 있으면 아버지의 뜻과는 거리가 멉니다. '내 말에 거하라'는 말씀은
내 생각을 버리고 오로지 아버지 말씀을 따르라는 의미입니다.
옳은 길을 찾지 말고 아버지를 따르라는 말입니다.

• • •

눈물겨운 감동의 이야기를 읽거나 보고 나면 코끝이 찡하니 가슴에
큰 파문을 남깁니다. 지난날을 돌아보며 최선을 다하지 못했음을
후회하기도 하고, 후회 없는 삶을 살아가리라 다짐도 해보는 시간을
갖게 됩니다. 그러다 문득, 내가 또 세상일에 끼어들어 괜한 상념에
사로잡혀 있음을 보고는 쓴웃음을 짓곤 합니다. 남의 일이라서가
아니라 내 생각이 끼어들어 있기 때문입니다. 남의 일이라도 내 일처럼
느껴져서 공감하고 감동하는 것이야 나무랄 일이 아니지만, 내 생각이
끼어드는 것은 진실에서 벗어나기 때문입니다. 내 생각으로 보는
편협함에서 벗어나려 늘 깨어 있으려고 하지만, 그럼에도 또 에고에

넘어간 것입니다. 아름다움이 있다는 생각에 무너진 나를 보며 쓴웃음이 일곤 합니다. 1등이 있으면 2등부터 꼴찌에 이르기까지 다른 이들이 있으련만 1등만 보는 사회적 현상에 편승하여 잠시 정신줄을 놓고 아름다움에 동요한 것이죠. 아름다움은 추함의 바탕 위에 근거하건만, 추한 것을 추하게 놓아두고 그것의 아름다움은 어떻게 찾으려고 하는지, 분리해 놓은 내 짧은 소견이 안타까워 쓴웃음이 이는 것입니다.

누구의 생각인지 살펴보고, 내 생각이면 그것은 잘못된 부족한 생각임을 직시해야 합니다. 내 생각은 항상 내가 있기에 나오는 생각으로 진실이 아닌, '있는 그대로' 보는 생각이 아닌, 내 생각입니다. 내 생각이 아닌 '나 없음'의 실체에서 보는지를 항상 살펴서 알아차려야 합니다. 내 생각임을 알아차리면 아버지께 내맡기고, 나는 없이 해야 합니다.

"너희가 내 말에 거하면 참 내 제자가 되고, 진리를 알찌니 진리가 너희를 자유케 하리라"(요 8:31-32). 예수님의 참된 제자가 되는 길이 따로 있는 게 아닙니다. 그 가르침대로 살기만 하면, 아니 살고자 애를 쓰기만 하면 절로 그분의 참 제자가 됩니다. 그러면 저절로 진리를 알게 되고, 진리를 알게 되면 저절로 자유요 해탈입니다.

갈림길에서 나의 에고는 이리 가려고 하는데 아버지는 저리 가라 할 때, 이쪽을 선택하면 넓은 길을 따라 파멸에 이르고, 저쪽을 택하면 좁은 길을 따라 영생에 이릅니다. 산행을 하다가 길을 잃고 헤맬 때 가장 안전한 방법은, 온 길을 되돌아가는 것입니다. 이리저리 궁리하여 길을 찾다 보면 지쳐 쓰러지기 십상이죠. 내 길을 택하여 걷다가도 우리는 항상 되돌아갈 수 있습니다. 누구의 생각인지 물어보

164

고, 내 생각이면 곧바로 되돌아가 아버지 뜻에 따르는 것입니다. 내가 있으면 아버지의 뜻과는 거리가 멉니다.

'내 말에 거하라'는 말씀은 내 생각을 버리고 오로지 아버지 말씀을 따르라는 의미입니다. 옳은 길을 찾지 말고 아버지를 따르라는 말입니다. "네가 옳고 그름을 알 수 있느냐? 네가 무엇을 안다고 옳고 그르고, 아름답고 추하고, 식별하려 드느냐?" 아버지는 우리에게 묻고 있습니다. 우리가 겸손해야 함이 이것입니다. 우리는 알 수 없습니다. '내 생각일 뿐'임을 명심 또 명심해야 합니다.

"나를 따르라."는 말씀에 순종해야 합니다. 감히 앞서지 말고, 내 생각일랑 버리고 아버지를 따라야 합니다. 참으로 겸손해야 합니다. 내 생각이 얼마나 허접한지를 깨닫고, 아버지의 거룩하심에 경배해야 합니다. 내 이야기는 필요 없습니다. 나보다 나를 더 잘 아시어 필요한 모든 것을 다 갖춰주신 아버지께는 드릴 말씀이 없습니다.

온 우주의 주재자 아버지께 아버지의 말씀을 들려 달라 기도해야 합니다. 내 뜻이 아닌 아버지의 뜻에 따라 살아가게 해달라고 기도해야 합니다. 아버지와 하나인 채로 분리되지 않게 해달라고 떼라도 쓰면서 기도해야 합니다.

"아버지, 이놈은 없이 아버지와 하나이게 하옵소서. 아멘!"

자유의지

삶은 내가 통제할 수 있는 게 아닙니다.
삶이 당신 없이 어떻게 훨씬 더 친절하게 흘러가는지를 보세요.
고요히 삶을 돌아보고 과연 내가 통제할 수 있는지 질문해 보세요.

• • •

삶을 내 뜻대로 통제할 수 있느냐, 아니면 신의 뜻에 따라 정해진 운명대로 살아가느냐? 이 문제는 종교인이든 아니든 많은 이의 관심사입니다. 앞날을 알고 싶은 욕망은 왜 생길까요? 앞날을 알면 그에 맞게 삶을 통제할 수 있고, 정해진 운명을 바꿔서라도 복된 앞날을 맞이하고 싶은 마음이 있기 때문입니다. 하지만 미래는 정해진 것이 없이 계속 변하므로 앞날을 예견하고자 함은 꿈속을 헤매는 일입니다. 지금의 상태에서의 내일과, 변화된 지금의 상태에서의 내일은 다를 수밖에 없기에 끊임없는 변화를 예측할 수는 없겠죠. 그렇다면 지금의 상황을 어떠한 상태로 만드느냐에 따라 나의 앞날이 정해지므로,

지금의 상태를 이렇게도 저렇게도 내 뜻대로 바꿔놓을 수 있느냐의 문제입니다. 그럴 수 있을까요? 노력하면 내 뜻에 합당한 상황으로 변합니까? 쇠를 갈아서 바늘을 만들 수는 있어도 숯을 갈아서 바늘을 만들 수는 없습니다. 상황에 따른 변화는 가능하지만, 상황을 벗어난 변화는 불가능한 것입니다. 노력은 상황에 맞추어 해야 되기에 상황에 따른 노력으로는 내 뜻과는 거리가 있게 마련입니다. 우리는 결정할 수 없습니다. 단지 자신이 어떻게 결정했는지에 관한 이야기를 경험할 수 있을 뿐입니다. 함수관계가 어떤 관계이든 정의역에 따라 치역이 결정되듯이 정의역 곧 상황이 결정 요건입니다. 상황에 대처하는 것입니다.

부지런하면 굶주리지 않는다는 말이 있습니다. 아무리 노력해도 먹고 살 만큼만 주지 그 이상을 주지 않아요. 그럼에도 어떤 이는 풍성합니다. 한가롭게 여유를 가지고 살아도 풍성한 반면에, 나는 쉬지 않고 일해도 항상 그 타령이라서 운명을 바꿔보려 하지만 그리 되지 않습니다. 지금 사는 데 충분하면 되지 않나요? 더 많은 것은 필요 없는 힘으로, 위험이 따릅니다. 부지런히 일하는 이유는 내게 맡겨진 사명을 다하는 것으로, 아버지의 뜻이기 때문입니다. 게으름이 만악의 근원입니다. 때맞춰 일하는 농부가 게을러서야 되겠습니까? 일하지 않아도 되는 지주가 과연 행복할까요? 우리는 모릅니다. 그가 어쩌하리라는 것은 내 생각일 뿐입니다. 성취란 있을 수 없어서 자족만이 만족할 수 있습니다. 사는 데 지장이 없으면 그다음은 힘을 쫓느냐, 자족해서 만족한 삶을 사느냐 하는 문제로, 어느 쪽을 선택하느냐가 자유의지입니다.

때맞춰 일어나는 것은 정말로 중요하고 모든 것이라 할 만큼 중요해서 승패의 갈림길은 때맞춤에 있지요. 상품을 사고파는 일은 때를 사고파는 일이라서 때를 여하히 하느냐에 따라 다르게 나타나지만, 그것은 이익의 많고 적음의 문제일 뿐, 때맞춰 일하는 농부의 이야기와는 다릅니다. 때맞춰 일함이 생명의 문제냐 힘을 비축하느냐의 문제로 필요 이상의 힘은 불행을 초래합니다. 힘을 쫓으면 허망함을 쫓는 것이요, 생명을 쫓음은 사랑입니다. 힘이 많으면 안전하다 여기지만 힘이 많으면 많을수록 위험은 커집니다. 힘이 있으면 좋으리라 여기는 것은 내 생각일 뿐, 힘에 관한 일은 에고의 일로서 허상에 불과합니다.

우리는 자유의지에 따라 힘을 쫓는 에고를 선택하든지 사랑에 기반한 진아眞我의 길을 선택하게 됩니다. 힘을 쫓는 에고의 길은 크고 넓어 많은 사람이 가지만 멸망의 길이요, 사랑을 따르는 좁은 길은 생명의 길로, 영생의 길입니다. 마주치는 삶의 현장에서 어느 길을 선택하느냐도 자유의지이며 언제든지 되돌아올 수 있음도 자유의지입니다. 삶은 내가 통제할 수 있는 게 아닙니다.

삶이 당신 없이 어떻게 훨씬 더 친절하게 흘러가는지를 보세요. 고요히 삶을 돌아보고 통제할 수 있는지 통제할 수 없는지 스스로 질문해 보세요. 그리고 수없이 마주하는 내 삶의 갈림길에서 힘이냐, 사랑이냐 그것은 '나 있음'이냐 '나 없음'이냐의 물음이며 어느 길을 선택하는가, 그것이 자유의지입니다.

스마트폰

힘은 덜어야 하고 사랑은 키워야 합니다.
힘이 재미를 선사할지는 모르지만, 평온과는 거리가 있고,
사랑에는 자유와 평화 그리고 행복이 충만합니다.

• • •

스마트폰을 손에서 놓지 않고 살아가고 있는 현대인들. 알고픈 내용을 검색하면 모르는 게 없이 정보를 다 알려주는 것이 여간 편리하지 않습니다. 사전을 대신하여 언제 어디서든 물어볼 수 있어서 여간 고마운 게 아닙니다. 그럼에도 불구하고 많은 사용자들이 지하철이나 버스 안에서, 심지어는 걸어가면서까지 스마트폰을 보며 생활하고 있는 것을 보면 안타까울 때가 많습니다. 스마트폰이 보여주는 대로만 보면서 살기 때문입니다.

나의 생각이, 나의 뜻이, 나의 의지가 무엇인지 살펴보는 것으로도 부족하여, 과연 그것이 진실인지 물어보고 살펴보아야 하지만, 내

생각은커녕 남이 보여주는 대로 이끌려 가고 있다는 것을 모르는 채, 잠시도 고요히 있을 줄 몰라 심심함에서 벗어나려 재미있는 일이라면 어떻게든 그것과 함께하려 합니다. 자기를 놓아두고 밖에서 찾으려는 잘못된 생각으로 살아가고 있음을 모르기에 밖으로, 밖으로 내달리고 있는 것입니다.

밖에서 얻을 수 있는 것이 무엇일까요? 돈이 밖에서 들어옵니까? 돈마저도 밖에서 오는 것이 아닙니다. 돈을 벌기 위해서 밖에서 일하는 것으로 오해할 수 있으나, 잘 살펴보면 내 자신을 얼마나 투자하고 있는지, 내가 어떻게 하느냐에 따라, 내가 어떻게 대처하느냐에 따라 달려 있음을 알 수 있습니다.

세상 모든 것은 나에게 달려 있습니다. 밖에는 내가 없습니다. 정권이 바뀌어도, 재난이 덮쳐도, 전쟁이 일어나도, 평온하고 평화로운 상황에서도, 모든 일은 내 안에서 일어납니다. 모든 일은 나에게 달려 있습니다. 나를 밖에 놓아두고는 평온할 수 없습니다. 밖의 일에 대응하느라 쉴 틈도 없이 바쁘게 움직이지만, 밖에서 얻을 것은 하나도 없습니다. 밖에서 얻은 것이 하나라도 있는지 잘 살펴보세요. 내가 있고, 그 내가 내 뜻대로 하는 것 같아도, 내가 할 수 있는 것은 하나도 없습니다. 숨마저도 내가 쉬는 게 아니라 쉬어지고 있습니다. 하물며 밖의 것으로 할 수 있는 일이 있겠습니까?

하여 '나는 누구인가?'에 대해 깊이 성찰할 필요가 있습니다. 그 길은 '이 뭐꼬' 하고 끊임없이 질문하는 것입니다. 일어나는 생각마다 '내가 끼어 있는지' 물어보고, 그곳에 내가 있으면 진실이 아닌 나의 투사投射임을 알아차려야 합니다. 보이는 대로, 들리는 대로, 가르쳐주는 대로, 대답이나 하면서 자기를 떠나 있어서는 아니 됩니다. 묻고 또 물어 나를 들이밀고 들어가 참을 보는 것이 참 인생이겠죠. 우리는 각자 자기 지각의 행성에서 자기의 세계를 구성하며 살아가고 있습니다.

아무리 가까운 사이라 하더라도 자신의 투사에 불과하여, 진실과는 거리가 있습니다. 진실은 '나 없음'에 있기에, 내 생각인지 살펴보는 것이 참을 찾아가는 길입니다. 남의 생각에 편승하여 정작 내 인생은 실종되고 말았다는 것을 늦게야 깨우치게 된들, 회복할 길은 다시 오지 않습니다. 재미는 힘이 있을수록 즐거워서 힘 있는 재벌 2세쯤 되어야 합니다. 평범한 사람이 주인공이 되려면 탁월한 능력으로 초고속 성장을 이루지 않으면 안 됩니다. 자기와는 아무런 관련이 없음에도 힘의 이야기는 무협지처럼 재미를 선사하지만, 현실은 원하는 것만을 증폭시켜 불만족과 스트레스를 유발할 뿐입니다. 남의 얘기에 귀 기울이기보다는 '나'를 찾아야 합니다.

힘은 덜어야 하고, 사랑은 키워야 합니다. 힘이 재미를 선사할지는 모르지만, 평온과는 거리가 있고 사랑에는 자유와 평화 그리고 행복이 충만합니다. 내가 없이 모두와 함께 하는 데에 사랑이 머뭅니다. 그러기 위한 조건이 '내가 없는 것'입니다. 내가 있으면 나를 있게 하기 위해 힘이 필요하여 힘 찾아다니다 나를 찾을 수 없고, 내가 없으면 모두가 하나인 진정한 내가 되어 사랑 안에 있습니다. 공부하기에 너무도 좋은 스마트폰을 어떻게 사용하느냐 하는 것은 불을 어떻게 활용하느냐와 마찬가지입니다. 불이 없는 세상을 상상할 수 없듯이, 이제 스마트폰이 없는 세상 또한 상상할 수 없습니다.

문명의 이기를 어떻게 활용하느냐에 따라 행, 불행이 갈릴 만큼
우리 곁에서 함께 있게 될 스마트폰이 진정한 자기 공부를 하는
데에   더 많이 사용되었으면 하는 바람을 가져 봅니다.

공부는 성공을 약속하지 않지만,
진리의 길을 찾아가는 데는 공부만한 것이 없습니다.
공부하다 죽어야 합니다.

자본주의

자본주의에 매료된 습관은 돈을 좇습니다.
이제 돈이 아닌 생명이라고 외쳐도 지구는 무한히 베풀 것이라 여기는지
지구가 나임을 모르고 나를 죽이고 있음을 모릅니다.

• • •

봉건제도 속에서 싹트기 시작한 사유재산제에 바탕을 두고 개인의 자유를 신장하기 위해 창안된 자본주의가 영주나 임금 대신 자본을 섬기는 세상으로 변하였음을 보며, 이스라엘 민족이 우리에게도 왕을 달라고 서원한 마음을 알 듯도 합니다. 사무엘이 선지자로 활약하던 시대에, 이스라엘 백성은 선지자만으로는 부족하다고 여겨 굳이 왕을 세워야 한다고 주장합니다. 하나님께서 선지자를 통해 군주제의 폐해를 누누이 일러주었음에도 이스라엘 백성이 하나님을 버리고 왕을 찾은 것은 무엇 때문이었을까요?(삼상 8:8-22 참조) 인간은 무엇엔가에 지배를 받지 않으면 안 되는 존재인지, 주의나 이데올로기를 내세워

서라도 거기에 얽매이려 합니다. 얽매임이 뭣이 좋은지 교환 수단의 편리함을 위해 만들어진 돈이 이제는 사람들의 주인이 되었습니다. 사람들은 이제 돈의 지배를 마다하지 않습니다.

자본이 주인이 되는 세상이 되다 보니 자본에 예속되는 역작용의 폐해가 너무도 큼을 이제는 보아야 할 때가 되었습니다. 자본주의의 장점은 이미 120% 달성되어 새로운 활로를 찾아야 할 때입니다.

전제 군주로부터 쟁취한 자유가 자본에 예속되는 역작용도 문제이지만, 이는 곧바로 생명에 관한 문제로 직결됨을 알아야 합니다. 살아남기 위해 무한 경쟁에 내몰리는 오늘날의 아픔도 문제이지만, 경쟁에서 비롯된 환경 파괴가 보다 근본적인 문제입니다. 환경 파괴로 인한 지구 온난화는 지구를 죽이고 있습니다. 많은 자연재해와 각종 전염병에 따른 생명의 위협을 외면하기에는 이미 늦었습니다. 지구 없이 내가 존재할 수 없음에, 지구가 곧 나임을 깨달아야 합니다. 전 인류가 하나 되어 우리인 지구 살리기 운동에 동참해야 합니다.

돈과 밥이 있으면 나는 밥을 택하겠습니다. 10년도 채 남지 않았다는 선각자들의 외침을 돈으로라도 때워보려는 유럽은 720조의 돈을 내놨습니다. 이 금액으로는 어림도 없다는 얘기이고 보면 경제 발전이 무슨 의미가 있는지 살펴볼 때도 되었지만, 자본주의에 매료된 습관은 돈을 좇습니다. 이제 돈이 아닌 생명이라고 외쳐도, 지구는 무한히 베풀 것이라 여기는지 지구가 나임을 모르고 나를 죽이고 있음을 모릅니다. 몇 나라만 협조를 안 해도 생태계 파괴는 이어져서 인류는 위험에 처하게 되는데도, 자본주의 장점에만 안주하고 있어서야 되겠습니까? 인간의 욕망보다 무서운 것은 없습니다. 인간의 욕망을 잠재울

수는 없기에 전 인류가 공생할 수 있는 길을 모색해야 합니다. 우리나라부터 시작해야 합니다. 이제 돈이 아닌 생명에 관심을 집중할 때입니다.

소비를 줄이면서 고통을 감내해야 합니다. 고통이 죽음보다는 낫지 않습니까? 코로나19로 돈은 적게 쓰는 데 소비는 줄지 않습니다. 쓰레기가 더 많이 배출됨은 코로나19가 전하는 메시지를 잘못 이해하고 있는 것입니다. 자손을 위해 돈보다는 살 만한 지구를 물려주어야 하지 않을까요? 이게 얼마나 어렵겠습니까? 나라 안의 밥그릇 싸움도 치열한데 국가 간의 이해관계는 더욱 첨예하겠죠. 그래서 우리부터 생각을 바꿔서 공생의 길을 모색해야 합니다.

지금부터 고생을 사서 하기 시작해야 합니다. 모든 에너지를 절약해야 합니다. 밥풀 한 알만 흘려도 불호령이 떨어지던 시대로 돌아가야 합니다. 자본주의니 사회주의니 주의를 논할 때는 이미 지났습니다. 함께 아파하고 함께 즐거워하는 인류애의 발현이, 그리스도와 부처의 길을 따름이, 우리의 길이어야 합니다.

말은 좋은데 가능하겠느냐는 의문이 제기되지만, 자식을 생각하는 어머니의 마음으로만 접근하면 우리는 해낼 수 있습니다. 세계 곳곳에서 벌어지는 자연재해를 어머니의 마음으로 보면 우리가 아닌 자녀들의 세계를 볼 수 있습니다. 내 자식이 살아갈 수 없다는데 못할 일이 무엇이겠습니까? 다만 자녀를 위하는 길이 아직도 돈인 줄 알고 있기에 그 생각을 바로 볼 수 있는 공감대를 형성해야 합니다. 코로나19가 그것을 보게 하는 전령입니다. 이래도 모르겠느냐고 물으시는 아버지의 은혜에 답하는 길은, 자연을 자연 그대로 돌려주는 것입니다. 더 이상 개발이라는 이름으로, 발전이라는 이름으로, 경제성장이라는 이름으로, 또 다른 그 어떤 이름으로도, 환경파괴가 용인되어서는 안 됩니다. 환경파괴는 공멸일 뿐입니다. 전 인류가 알아차리고 난 후에는 너무 늦어 생존 인구가 원시시대의 수만큼으로 줄어들지도 모릅니다. 발전을 멈추고 살아가기에는 이미 늦었다고 생각한다면, 인류의 지성을 믿으십시오. 지금의 편리함과 안락함을 나누고 협동하여 살아가다 보면 생태계를 복원하고 공해 없는 에너지를 개발하여 자손에게 물려줄 수 있을 것입니다.

함께 살기 운동이 절실히 요구되는 때입니다. 생태 운동은 인류가 살아남기 위한 최선의 길입니다. 어머니는 자식에게 베풀었다고 자랑하지 않습니다. 그런 생각은 아예 하지 않습니다. 그리스도의 사랑과 붓다의 자비가 어머니 마음입니다. 그 마음으로 반려동물이 아닌 이웃과 함께 살아야 합니다. 죽음의 공포가 느껴지고 나서는 늦습니다. 돈도 사랑도 살아남은 후의 이야기 아닌가요? 길어야 30년도 남지 않았다는 학자들의 얘기를 돈 없고 힘 없는 사람들의 호들갑으로 치부하기에는 너무도 중요한 문제입니다. 기득권을 내려놓고 고통을 함께 나누어야 합니다. 고생 사서 하기 운동을 합시다.

부러움

지금 있는 그대로에 부족한 것은 하나도 없습니다.
지금에 있으면서 있는 그대로 보면
부족하거나 잘못된 것은 하나도 없습니다.

• • •

박학다식한 사람을 보면 부러울 때가 있습니다. 얼마나 열심히
살았는지 동서양을 넘나들며 모르는 게 없는 사람을 볼 때면 감탄과
더불어 참으로 부럽기까지 합니다. 돈이 많은 사람이 부러울 때도
있습니다. 하고 싶은 일을 거침없이 해내는 자본의 여유를 볼 때면
저리 살면 얼마나 좋을까 부러운 마음이 듭니다. 그러다 공부도 돈
벌려고 한다는 말을 들을 때면 문득 학식이 많음과 돈이 많음 중
어떤 것이 더 부러운지 생각해 보고, 다 부질없는 일이기에 피식
웃고는 나오는 무관함을 봅니다. 많이 알아서 좋을 것이 별로 없음을
보고, 돈이 많아서 돈에 파묻혀 사는 것을 볼 때면, 많이 알고 풍부하게

사는 것이 좋기만 한 것은 아닌가 싶습니다. 모르는 게 너무 많아 답답할 때는 아는 게 부럽다가도 식자를 부러워하다 보면 나는 왜소해지고 부자를 부러워하다 보면 내가 무능해 보입니다. 나는 어디에 있는지, 찾을 수가 없습니다. 그들과 나는 무관하고, 나는 나로 있습니다. 행복은 많이 아는 데에 있는 것도 풍부함에 있는 것도 아니고 만족함에 있기에, 만족할 줄 아는 인생이야말로 가장 부러워해야 할 일입니다.

부러움은 밖에서 찾기에 일어나는 마음입니다. 나를 놓아두고 밖에서 찾으니, 나는 없지요. 나를 찾으면 부러울 것이 전혀 없습니다. 내 안에 다 갖춰져 있음을 보면 더 이상 바랄 게 없습니다. 청소를 하든 청소를 하지 않든, 전화를 하든 전화를 하지 않든, 그 모든 것에 부족한 것이 없습니다. 다만 지금 하는 일이나 하지 않는 일에 대한 나의 판단들이 부족함을 느끼게 할 뿐입니다. 잘못하고 있다거나 쓸데없는 짓이라거나 일한 후에 흠을 잡고 후회하는 일이 반복되면 삶이 힘들어집니다. 외적인 기준에 부합해야 한다는 생각은 나를 떠나게 하기에 늘 부족함에 시달리게 됩니다.

지금 있는 그대로에 부족한 것은 하나도 없습니다. 했어야 한다거나 하지 말았어야 했다고 하는 것은 과거의 이야기이며, 지금이 아닙니다. 지금에 있으면서 있는 그대로 보면, 부족하거나 잘못된 것은 하나도 없습니다. 제 맘대로 살아도 된다는 것이 아니라 조작이 없어야 한다는 것입니다. 일부러 만드는 것은 진리일 수 없지요. 조작은 물드는 것입니다. 우리의 본성은 그 무엇도 만들지 않고 그 무엇에도 물들지 않으며, 스스로 더럽히지 않는 지금 있는 그대로입니다.

지식과 부가 우리를 행복의 길로 인도하는 것이 아니기에 망상을 줄이고 본래의 마음으로 돌아가 고향을 찾아야 합니다. 본래의 마음으로 돌아가야 한다고 하면 또 어떻게 해야 본래의 마음으로 돌아갈 수 있는지를 생각하고, 마음을 쉬라고 하면 어떻게 마음을 쉴 수 있는지 고민하기에 점점 더 쉴 수가 없습니다. 부처를 만나면 부처를 죽이고, 조사를 만나면 조사를 죽여야 합니다. 진리는 논리가 아니기에 생각 밖에 있으며, 경經조차도 진리를 찾은 후에야 보입니다. 석가가 깨닫기 전에는 불경이 없었으며, 예수의 공생애 전에는 신약이 없었습니다. 경조차 손가락에 불과합니다. 달은 진리의 눈으로 보아야 합니다. 손가락을 통하여 달을 볼 수 있을 때 고향으로 돌아갈 수 있습니다.

불상현不尙賢*이어야 합니다. 예수의 사랑이나 붓다의 지혜를 한없이 찬미하는 것은 좋으나, 그 사랑이나 지혜를 내 안에서 발견하지 못하면 나에게 무슨 소용이 있을까? 마음이 밖을 투사하는 데에 길들여지면, 마음은 자기의 가치를 스스로 박탈하게 됩니다. 그러면 결핍을 느끼고 부러움을 채우려고 밖으로 내달리게 됩니다.

부러울 것이 전혀 없습니다.
자기 안에 모든 것이 다 갖춰져 있습니다.
그리스도와 붓다가 '나'이며 모두가 하나입니다.

---

* 노자 도덕경 3장, "잘난 이를 높이지 않아야 사람들이 싸우지 않고, 얻기 어려운 재물을 귀히 여기지 말아야 사람들이 훔치지 않으며, 하고 싶은 걸 보이지 않아야 사람들이 마음을 어지럽히지 않는다"(不尙賢 使民不爭. 不貴難得之貨 使民不爲盜. 不見可欲 使民心不亂).

마음은 도둑이다

마음은 일어나는 순간마다 도둑질할 생각밖에 없습니다.
좋은 것 싫은 것 가려내어 취하고 버릴 생각 말고는 하는 일이 없습니다.
제 것도 아니면서 가지려 하고 제 것인 양 버리려 합니다.

• • •

　마음은 끝없이 구하고 원하고, 원하고 구합니다. 좋은 것은 달라
하고 싫은 것은 버려 달라며 청소까지 해달라고 합니다. 날마다 달라져
서 종잡을 수도 없지만, 원함은 끝없이 펼쳐져서 채워 줄 수가 없습니
다. 사랑마저 제 욕심을 채우려 들고, 채워지면 시들해져 버려 달라
합니다. 심지어는 신께도 달라고 떼를 쓰고 싫은 것은 피하게 해
달라고 조릅니다. 그러면서도 신께 의지하고 있음을 내세워 당당하기
까지 합니다. 더 나아가, 신이 자기 뜻대로 해주시길 믿는다는 신념에
사로잡히고서도 그것을 믿음의 증표로 해석하기까지 합니다.

원함이 그리도 당연할까요? 자손에겐 독립하라 하면서도 자신은 종이라 칭하며, 독립하여 아버지 찾아갈 생각은 아예 없나 봅니다.

때론 아버지의 말씀을 따르지만 그것은 자기 드러냄이며, 오른손이 하는 일을 왼손이 아는 것처럼 세상이 자신을 알아주길 기대하고 바랍니다. 자기에겐 거저 달라 하면서도 남에게는 대가를 바랍니다. 처음부터 끝까지 바라기만 하면서도 남 보고는 도둑 심보라고 합니다. 바라기만 하는 것이 도둑질과 다르지 않음을 알면서도 천연덕스럽게 도둑질을 합니다. 원함을 너무도 당연하게 여겨서, 취하지 못하는 게 부족한 사람이라도 되는 양 자연스레 도둑질을 합니다. 뻔뻔하기 이를 데 없습니다.

마음은 일어나는 순간마다 도둑질할 생각밖에 없습니다.
좋은 것 싫은 것 가려내어 취하고 버릴 생각 말고는
하는 일이 없습니다. 제 것도 아니면서 가지려 하고,
제 것인 양 버리려 합니다.
이런 일 하려고 가지 않은 곳이 없음에도,
오직 하나 자기를 보는 마음에는 갈 생각이 없나 봅니다.

도둑질 그만두고 주어진 것에 감사하며 살아야 한다고 생각하고, 몰라야 한다고 하면서 모른다는 마음을 내고, 쉬어야 한다면서 쉼을 생각하기에 쉴 수가 없습니다. 스승을 찬미하며 스승처럼 살기를 원하면서도 스승의 삶이 자기에게 깃들지 않으면 아무런 소용이 없음을 모릅니다.

자기 마음 보는 길은 도둑 심보 버리는 데 있다고 믿고서 도둑을 잡으려 하지만, 열 지킴이가 도둑 하날 못 잡는데 그 많은 도둑을 어떻게 잡을 수 있겠습니까? 일어나는 도둑 심보는 누르면 누를수록 그 힘이 더욱 커져 이겨내기가 너무 어렵습니다. 도둑 심보도 내 마음이라는 것을 보아야 합니다. 원하고 구하는 마음은 참 마음이 아닌 것을 보아야 합니다. 다 갖춰져 있음을 보면, 원하고 구할 것이 없습니다. 나는 원래 도둑이 아니었습니다. 온 천지가 나이어서, 도둑질해 봤자 내 것인데 도둑질할 일이 없습니다.

내가 있다고 믿기에 도둑 심보가 일어나는 것이니, 내가 없이 전체와 하나이면 도둑 심보는 저절로 사라집니다. 하나임을 보는 것입니다. 진리眞理는 논리論理에도 물리物理에도 사리事理에도 심리心理에도 없기에, '있는 그대로' 보아야 합니다. 그리스도의 사랑과 붓다의 지혜가 내 안에도 있음을 보는 것입니다. 있는 것을 그냥 보기만 하는 일이기에 힘들고 어려운 일이 아닙니다. 하려 하는 것이 문제이기에, 하는 것을 멈추고 일어나는 그대로 보아야 합니다. 이래야 했다고, 이러지 말아야 했다고 하는 생각들이 '있는 그대로' 보는 것을 못 보게 조작합니다. 마음이 도둑질하고 싶어 물들이는 것입니다. 정말 후회되는 일이 있다면, 물들지 않은 마음으로 탐구해 보세요. 그 일은 그래야 했고 그래서 잘된 일임을 보게 됩니다. 그 어떤 일도 그래야 했기에 일어난 일입니다.

아버지는 선하십니다. 그래서는 안 된다고 하는 것은 당신 생각일 뿐입니다. 어제 일어난 사고가 일어나지 않았어야 한다는 생각도 당신 생각일 뿐이며, 설혹 나의 죽음이 찾아온다고 하여도 그 일은 그래야 합니다. 그렇지 않아야 할 이유를 하나라도 찾아보세요. 찾은 마음이 있다면, 그것은 도둑 심보임을 볼 것입니다. 일어나는 모든 일이 완벽한 우주의 일입니다. 어느 하나만 잘못 되어도 우주는 유지될 수 없습니다. 일어나는 자연재해도 지구를 살리는 일입니다. 지구를 살리기 위해 인류가 종말을 맞이해야 한다면, 그것이 잘못된 일일까요? 나를 떠나지 않으면 지구가 죽더라도 나는 살아야 하겠지만 그럴 수 있나요?

'나'를 떠나 진실을 보면
도둑은 사라지고 주인이 됩니다.
나는 주인입니다.
온 우주를 품에 안은 주인입니다.

우리가 해야 할 일은 오로지 '나 없음'이어야 합니다.
철저하게 비우고 비워서 찌꺼기 하나도 남김없이
비우는 일입니다. 초능력 같은 찌꺼기에 현혹됨은
다 된 밥에 재 뿌리는 일과 같습니다.
조금을 얻으려고 전부를 잃는 어리석음은 없어야겠지요.
힘이 있으면 사용하고픈 시험에 들게 되므로
오히려 힘 없음에 감사하고
'나 없음'의 자유를 만끽할 일입니다.

제3부

빈 배

무문관無門關

없어서 서글프고, 있어서 불안하고, 있어도 없어도 괴로운
이곳이 뭐가 좋아 그리도 집착하는지요?
문이 없음에 항상 같이할 수 있는 아버지 나라.

· · ·

사람이 가지고 있는 마음의 갈래가 얼마나 많으면 8만 4천 법문이겠
습니까? 온갖 사념에 사로잡혀 이것저것 욕심에, 시비는 얼마이던가
요? 8만 4천의 문이 다 없어지고 텅 비어 있어 남은 것이라곤 하나도
없는 무아無我의 문, 무문관.

찾기보다 '없이 하기'가 이리도 어려운 일일까요? 돈을 벌기보다
가진 돈을 버리는 게 훨씬 힘들다는 것을 우리는 알고 있습니다.
하물며 나를 없이 하는 것은 얼마나 더 어렵겠습니까? 백척간두 절벽에
서 잡은 손을 놓지 않고서 어찌 나를 버릴 수 있겠습니까?

이승과 저승이 하나인, 같이 하는 하나의 세상인데,
이승은 내가 만들어 놓은 세상으로 협소하게 변모시켜 놓으므로
다르게 보일 뿐임을 안다면,
내 생각이 얼마나 작은지를 안다면,
보잘것없는 티끌 같은 세상에서
네 것 내 것을 다투며 살아가고 있음을 안다면,
나만 없으면 저승까지도 나와 하나가 되어 전체가 나이건만,
큰 것을 놔두고 작은 것에 집착하고 있음을 안다면,
우리의 본성은 분명 큰 것을 잡으려 할 것임에 틀림없으련만
그마저 욕심으로 접근하여 나를 챙기니,
또 하나의 문을 만들어 놓습니다.

무문관, 진실로 문이 없는 무한의 거대한 세계. 모든 것이 한없이 펼쳐져 있는 무한의 세계. 거기서 '내 것'이라는 의미를 찾을 수 있을까요? 그 많은 것을 놔두고 이곳의 유한을 좇고 있는 것은, 모든 것이 갖춰진 방에서 자기 것만을 좇는 어린아이와 같습니다.

오호 통재라! 이곳의 좁쌀 같은 세상이여! 그 좁쌀 위에서 시비를 가리고 내 것을 다투고 있음이니, 이보다 안타까운 일이 어디 있단 말인가요? 다 내려놓고 나만 섬기라는 아버지 말씀을 그리도 모를까요? 없어서 서글프고, 있어서 불안하고, 있어도 없어도 괴로운 이곳이 뭐가 좋아 그리도 집착하는지요? 이미 이곳에 있으니 아버지께 달라고 기도할 일도 아니고, 문이 없음에 항상 같이할 수 있는 아버지 나라. 그래도 선악과는 따먹고, 따먹고 있습니다.

적극적으로 수용하기

온 세상이 하나임을 보면 수용할 일도 없이 그저 나와 하나입니다.
할 일이라곤 하나도 없이 그저 보기만 하면
나와 남이 없이 친밀함 속에, 사랑 안에, 있습니다.

• • •

능동적이며 적극적이어야 하고
소극적이며 수동적이어서는 안 된다고들 합니다.

숨을 내가 쉬나요?
생각은 내가 하나요?
삶을 내가 운용합니까?

숨은 쉬어지고, 생각은 떠오르지 떠올리지 않으며,
지금 이 순간을 살아갈 뿐입니다.

아버지께 요청하고 채워 달라 하기보다
아버지는 무한한 사랑임을 보세요.

요청하지 않아도, 추구하지 않아도,
이미 충분히 주고 계시는 아버지의 사랑을
적극적으로 받아들이는 것입니다.

숨은 들이쉬기만 하면 되므로
숨을 쉬기 위한 어떤 능동적인 행위도 필요 없어
요구하지 않아도 숨은 쉬어집니다.
물체를 떨어뜨리면 중력의 법칙은
모든 것에 똑같이 적용되듯이
아버지의 사랑은 두루 펼쳐져 있습니다.

아버지의 사랑에 자신을 내맡기고
나를 없이 하여 온전히 열어젖히면 됩니다.

내 뜻과 주장이 능동적이고 적극적이 될수록
아버지의 뜻은 멀어지고,
내 뜻과 주장이 엷어질수록
아버지의 나라에 가까워집니다.

온 세상이 하나임을 보면, 수용할 일도 없이 그저 나와 하나입니다.

무시무종無始無終의 세계입니다. 할 일이라곤 하나도 없이 그저 보기만 하면, 나와 남이 없이 친밀함 속에, 사랑 안에, 있습니다.

능동적으로 뭔가를 하려 하면 나를 내세우게 되고, 나의 세계에 갇히게 됩니다. 나를 밖에다 내세워서 무엇을 보려 하십니까? 나와 밖을 분리하면 밖에선 할 일이 많아 능동적이고 적극적이어야 하지만, 내 안에선 숨조차 절로 쉬어지는데 할 일이 뭐가 있겠습니까?

할 일이 있음은 밖의 일입니다. 해도 해도 끝없는 미정고(未定稿: 아직 완전하게 만들어지지 못한 원고). 할 일 찾아 이리저리 헤매는 일에 파묻혀서는 내가 누구인지도 모르면서 나를 위해 하고 있다고 항변합니다. 하는 게 문제인지도 모르고 여기저기 찾아다닙니다.

일어나는 모든 일이 그러해야 함을 알아서 수용하고 포용하여 나와 하나 됨을 보아야 합니다. 수용성은 나를 내맡김이며, 일어나는 일에 순응하는 것입니다. 수용성은 내가 없이 하는 것입니다. 무위無爲입니다. 상황에 맡기어 행하기 때문에 무불위無不爲입니다. 함이 없이 하는 적극적인 수용입니다.

지금 여기에 있음이 '적극적으로 수용하기'이며, 자기를 부정하고 십자가 지고 가는 것입니다.

오상아 吾喪我*

나를 없이 하여, 원하는 것이 없는 나로 살아가는 것!
상상만 해도 설레고 두근거리는 대자유를 느낍니다.
나 없으니 걸릴 것이 무엇이며 가로막을 것이 무엇이랴.

• • •

어떤 바람에도 의연하게 흔들리지 않고 서 있기에
꼿꼿이 서 있는 나무를 보며 그 기상을 흠모하여
가까이 다가가길 멈추지 않고 바라보니
그 나무는 죽어 있었다.

---

* "내가 나를 장례 지내다"라는 뜻으로, 장자의 <제물론>에 나오는 이야기이다.
하루는 제자가 스승을 보고 "선생님의 모습이 꼭 실연당한 사람 같습니다. 예
전과는 많이 달라 보입니다."라고 말한다. 그러자 스승은 제자를 칭찬하며, "참
으로 똑똑하구나. 그것을 어찌 알았느냐? 나는 나를 장례 지냈다."고 대답한다.

자기의 관념에 사로잡혀 꿋꿋하게 사는 삶은
지조를 앞세워 자신을 드러내지만
죽은 나무와 다름이 무엇인가?

무엇이 되고자 함이
자신이 되기를 떠나는 일임을 아는가?

내가 아닌 다른 사람으로 만들어 놓으려는
옳음이라는 이름의 관념.

무지를 떠나려 애쓰다가 지식에 갇혀 굳어진 삶.

옳고 그름을 분별하는 대신
지친 영혼을 쉬게 함이 어떤가?

그 누구도 아닌 자기 자신이 되는 것.
그것은 자신을 죽이는 길.
자기가 없는 그 자리에 꿋꿋이 서 있는 것이다.

나를 죽여 깨달은 나. '오상아'

나를 없이 하여, 원하는 것이 없는 나로 살아가는 것! 상상만 해도
설레고 두근거리는 대자유를 느낍니다. 나 없으니 걸릴 것이 무엇이며
가로막을 것이 무엇이랴. 진리는 '나 없음'이요, 나만 없으면 나로

가려진 진실에서 모든 것이 그대로 드러나는 진실에의 장이려니, 얼마나 평화롭고 아름다우랴. 나 없으니 '이름'이 뭣에 필요하며, 구별이나 있으려는지. 모두가 하나인 전체로서의 나. 나와 남이 없는 절대의 세계. 하여 한없는 친밀함과 사랑으로 가득한 그곳으로 가는 지름길 '오상아'.

나 있을 때마다 '넌 누구냐?' 물어보아야 합니다. 나 있음이 모든 사탄의 탄생이니, 나 있을 때마다 나를 떠나 진실을 보아야 합니다. 아버지 외의 모든 신은 나에게서 나왔으니, 나를 없이하여 아버지 찾아감이 아들 된 길입니다.

오상아吾喪我,
'나 없음'의 세계,
그곳이 아버지 집입니다.

명상

알려진 나는 허상이므로 비우고, 떠나서, 나를 없이 하여
참을 보아야 합니다. 자신을 완성하려, 지금 없는 것이나
없다고 생각하는 것을 찾는 대신, 내 안에 있는 것을 바로 보아야 합니다.

* * *

기꺼이 고요함을 만나라! 모든 경험을 그대로 놓아두는 것이 명상입니다. 일어나는 생각들을 정화하여 뜻깊은 생각을 하는 것이 아니라, 일어나는 생각들에 나를 맡기고 그것과 같이하는 것입니다. 밀려오는 생각들을 그대로 두고 함께하는 것입니다. 어떤 것을 바꾸려 하거나 일어나는 생각에 가두려 하는 것이 아니라, 마음속 깊이 내 말에 귀를 기울이는 것입니다. 여러 생각들이 밀려들어 마음을 시끄럽게 하지만, 고요하려는 욕구와 활발히 움직이는 마음 사이의 경쟁에서 벗어나려 하지 않고, 자기의 뜻을 주장하지 않고, 고요한 곳에 귀 기울여 나를 찾으려는 것입니다.

에고의 활동이 어떠한지, 모든 갈등을 내려놓고, 느끼는 대로, 생각하는 대로, 끊임없는 변화에 맡겨놓고는, 그대로 놓아두고 살펴보십시오. 오가는 생각들에 질문하여 거짓임을 판별하고 참을 찾아가 보십시오. 에고는 파고들수록 더 많은 에고를 보여줍니다. 이런 '나'가 사실은 '나'가 아니라는 것을 계속적으로 알아차리게 됩니다. 지금껏 나라고 생각해 왔던 거짓된 자기가 정말로 거짓임을 보게 됩니다. 관찰과 사색으로는 알 수 없고 체득하여 깨달을 수밖에 없는 참나를 보게 되는 것입니다.

에고만이 사색할 수 있고, 에고만이 관찰할 수 있음을 안다면, 진정한 자아는 관찰할 수 없고 곰곰이 생각할 수 없음을 알아차리게 됩니다. 생각하고 관찰한다면 에고의 활동임을 알아차려야 합니다. 그것은 거짓 나의 일이므로 진실이 아님도 알아서, 그것이 자기 자신을 규정할 수 없음을 알아야 합니다. 관찰의 대상은 에고입니다. 참나는 관찰 자체입니다. 우리의 관념체계는 에고의 것으로 모두 거짓임을 알아서 그저 지켜보는 것으로 족합니다. 본성은 찾는 것이 아니라 지켜보는 것으로, '자아는 없다(무아)'입니다. 알려진 나는 허상이므로 비우고 떠나서, 나를 없이 하여 참을 보아야 합니다. 자신을 완성하려고 지금 없는 것이나 없다고 생각하는 것을 찾는 대신, 내 안에 있는 것을 바로 보아야 합니다. 원하는 모든 것이 내 안에 있음을 보아야 합니다. 귀 기울여 듣고 보아야 합니다.

떠오르는 생각은 진실이 아니기에 진실로 바꾸어 보아야 합니다. 진실로 바꾸어 보는 것, 그것을 비움이라 합니다.

천지불인天地不仁*

나에게만 특별히 어려움이 닥치는 것 같지만, 그 모든 역경은 '너 자신을
찾으라'고 '돌아보라'고 아버지께서 은총을 내려주시는 것입니다.
순간순간 자각하며 살라고 아버지는 역경을 베풀어 주십니다.

• • •

천지는 만물을 생성화육生成化育함에 있어 억지로 인심을 쓰지 아니
하고 자연 그대로 맡깁니다. 나무와 풀과 그 아래서 꼬물거리는 온갖
벌레들, 꽃과 바위와 계곡물, 그리고 새와 다람쥐 등 숲을 이루고
있는 존재들은 서로서로 어울려서 오케스트라의 멋진 연주처럼 조화
를 이룹니다. 이것은 편애하지 않는 자연의 섭리요 아버지의 사랑입니
다. 씨앗들이 촘촘히 붙어 싹이 트면 그중에 몇몇은 병이 들 수도

---

* 노자 도덕경 5장의 첫머리에 나오는 말로, "천지는 사람들이 생각하듯이 인자
하지 않으며, 만물을 무심으로 평등하게 대한다"는 의미를 담고 있다.

있고, 먼저 가지를 뻗어 그늘을 드리우는 튼튼한 나무에게 자리를 내어주고 말라갈 수도 있겠지요. 그러한 때에 숲이 특별한 은혜를 베풀어서 모든 것을 죄다 빼곡하게 살려놓는다면, 서로의 그늘 속에서 어깨도 펴보지 못하고 숲 자체가 죽어갈 수도 있을 것입니다.

우리네 살림살이도 마찬가지입니다. 아버지의 사랑이 한쪽에 치우치겠습니까? 악인과 선인에게 공히 해를 비추시고, 의로운 자와 불의한 자에게 같이 비를 내리시는 아버지께서 누구를 편애하시겠습니까?

'하늘과 땅은 불인不仁하다.' 하는데, '불인'은 '누구도 편애하지 않고 평등하게 대한다'는 뜻입니다. 나에게만 특별히 어려움이 닥치는 것 같지만, 그 모든 역경은 '너 자신을 찾으라'고, '돌아보라'고 아버지께서 은총을 내려주시는 것입니다. 순간이 영원임을 알아 순간순간에 자각하며 살라고 역경을 베풀어 주십니다.

도덕경 5장에 따르면 천지만 불인하는 것이 아니라 성인 또한 불인不仁합니다. 성인은 누군가에게 특별히 사랑을 베푸는 법이 없어서 모든 백성을 '짚으로 만든 개'[추구芻狗]처럼 여긴다는 구절이 이어집니다. 제사 때 제물로 쓰여지는 짚으로 만든 개는 제사가 끝나면 버려지게 됩니다. 천지든 성인이든 만물을 '짚으로 만든 개'처럼 무심하게 대하고 어디에도 집착하지 않는다는 뜻입니다. 천지와 성인에게는 사私가 없습니다. 사私가 있는 한, 이것과 저것을 구별하고 그럼으로써 누군가의 마음을 아프게 할 수 있습니다. 집착과 편애, 욕심과 원함이 사랑인 양 우리 마음에 자리를 잡고, 참사랑에 눈뜨는 걸 방해하기 일쑤입니다. '나 없음'의 길에서 모두가 하나임을 보아야 합니다.

자연환경은 우리 모두이며 전 우주가 하나임을 깨달을 때, 주체와 객체의 인식이 무너집니다. 우리 자신이 곧 의식이고 알아차림 자체임을 인식함을 넘어, 의식이 의식함을 넘어, 보고 있는 '나'가 모든 환경이며 하나입니다. 한 그루의 나무가 태양, 흙, 비, 허공과 같은 환경이 없이 존재할 수 없듯이, 태양이 우리 은하 없이 존재할 수 없고, 우리 은하는 일조 개가 넘는 은하들이 없이 존재할 수 없으니, 한 그루의 나무와 전 우주는 하나이며, 나 또한, 그리고 우리 모두는 전체로 하나입니다. 나무를 보고 있는 목격자로서의 나는, 나무와 나를 객체와 주체로 인식하지만, 나무가 홀로 있는 듯이 보여도 나무와 내가 하나임을 깨닫게 되면, '일어나는 모든 일은 일어나야 되기에 일어나는 것'임을 알게 됩니다. 환경의 지배를 받고 살아간다고 하지만, 기실은 환경이 곧 나입니다.

사랑이신 아버지께서 우리에게 역경을 주심은 '아버지의 집'을 보게 하려 하심입니다. "왜 나에게?"라고 항변하기보다는 아버지의 뜻이 무엇인지 묻고 또 물어야 합니다. 끝없이 질문하면 질문 속에 길이 있습니다. 절대세계에 대한 신념을 가지고, 모두가 하나임을 믿어야 합니다. 상대세계에 머물러 에고에 휘둘리는 까닭은, 질문하지 않기 때문입니다. 아버지와의 대화가 끝없이 이어져야 합니다. 내 이야기는 필요 없습니다. 나보다 나를 더 잘 아시어 이미 다 주고 계시기에 아버지의 말씀에 귀를 기울여야 합니다. 그것은 목소리가 아니고 침묵이기에, 아버지와 하나일 때 아버지의 게시로 나타납니다. 내가 사는 게 아니라 살아지고 있음을 알 때, 아버지가 늘 함께하심을 느낄 수 있습니다. 나는 없습니다.

'있다'뿐

조건화된 것과 조건화되지 않은 것이 동시에 존재하는 걸 알 때,
에고와 참나가 하나임을 알게 되고, 모든 것이 친밀하게 다가와
조건 없는 사랑 안에 있게 됩니다.

• • •

고요의 반대가 소음이고 둘은 같이 할 수 없는 듯이 보여도, 고요와
소음은 늘 같이 있습니다. 고요 없이는 소리가 있을 수 없고, 소리가
있어도 여전히 고요는 있습니다. '고요 안의 소리'이며 아무리 소란스
러워도 고요는 고요 그대로 있습니다. 구름이 가리고 눈보라가 가려도
청정한 하늘은 그대로 있듯이, 구름과 눈보라가 청정한 하늘과 같이
있습니다. 눈보라가 그치고 구름이 없어져야 청정 하늘이 있는 것이
아니라, 구름과 눈보라에 관계없이 청정한 하늘은 본래대로 있는
것입니다.

경험을 해석하지 않고, 경험이 옳다거나 그르다거나 조건화되어 있다거나 조건화되어 있지 않다거나 하지 않고, 모든 것을 그대로 놓아두면, 의식의 본성과 알아차림의 본성이 광대무변한 우주와 하나가 됨을 보게 됩니다. "그것"은 받아들이지 못할 것이 없는 무無이며, 그 안에서 모든 것이 일어나는 무無입니다. 전체이며 본성이고 '무명천지지시無 名天地之始'입니다.* 조건화된 것과 조건화되지 않은 것이 동시에 존재하는 걸 알 때, 에고와 참나가 하나임을 알게 되고, 모든 것이 친밀하게 다가와 조건 없는 사랑 안에 있게 됩니다. 하나인 세계, 절대세계입니다. "그것"은 이미 존재하는 것으로, 찾으려 애쓸 일도 없고, 노력해서 얻어지는 것도 아닌, 본래 있는 것을 볼 뿐입니다.

'있다'라는 사실을 체득하게 되는 길은, 관념이 아닌 보는 경험이기에 '있다'는 말 말고는 달리 말할 수 없습니다. 모든 관념에서 벗어나 나에 물들지 않고 '있음'을 봄은 신비 중의 신비이며, "나의 부재"일 때 온전한 '있음'을 볼 수 있습니다. 우리가 만물과 하나이고, 우리가 만물과 '함께' 하나라는 뜻이 아니라, 우리가 '바로' 만물이라는 뜻이며, 우리는 모든 것이고 무無이며 '있음'입니다. '있음'의 체험은 대자유이며, 사랑이요 영생입니다.

---

* 노자 도덕경 1장의 한 구절, "천지의 시작을 '무'라 하고, 만물의 어버이를 일컬어 '유'라 한다"(無 名天地之始 有 名萬物之母).

200

내가 해야 할 일

힘이 있으면 사용하고픈 시험에 들게 되므로
오히려 힘 없음에 감사하고
'나 없음'의 자유를 만끽할 일입니다.

• • •

내가 해야 할 일은 딱 하나, 나를 위해서는 어떠한 일도 해서는
안 된다는 것입니다. '나 없음'이 나인데, 나를 위해 할 일이 뭣이
있겠습니까? 비움에서 오는 어떠한 힘도 내 것은 아니어서, 힘을
의식하는 순간 '나'는 나타나고 '나 있음'이 됩니다. '나'가 있고 그
'나'가 행하는 모든 것은 '나의 드러남'이 되어, 소중한 모든 것을
잃게 됩니다.

아버지를 떠난 탕자는 날이 갈수록 목마름과 갈증이 심해질 수밖에
없습니다. 아버지가 나를 통해 치유의 은사를 내리심은 병자의 일이지,

나를 통하여 할 일이 전혀 아닙니다. 병자가 스스로를 버리고 아버지 품 안에 있기에 병 나음을 얻은 것이요, 병자 스스로 치유된 것이지, 외부의 누구에 의해 작용한 힘일 수가 없습니다. 오로지 아버지와 함께함만이 있는 그대로를 회복하게 해줍니다. 치유의 능력이 생기고 최면의 힘을 얻고 물 위를 걷게 된다 할지라도, 그것은 내 일이 아닙니다. 예수도 광야의 수행 중에 세 번씩이나 시험을 받았지만, 주권자인 아버지께 맡기고 자기가 한 일은 하나도 없습니다.

비움에서 오는 힘을 경계해야 합니다. 수련에서 얻은 적은 힘이, 비움에서 온 것으로 착각하여 아버지께서 나를 쓰시려고 준 힘인 줄 알면 천사라도 된 기분이 들까요? 아상我相, 인상人相, 중생상衆生相, 수자상壽者相을 버림이 니르바나에 이르는 길인데, 무엇을 가지고 아버지 나라에 들겠다는 것인가요? 치유하고 거두고 하는 모든 일은 아버지의 일입니다. 우리가 해야 할 일은 오로지 '나 없음'이어야 합니다. 철저하게 비우고 비워서 찌꺼기 하나도 남김없이 비우는 일입니다. 초능력 같은 찌꺼기에 현혹됨은 다 된 밥에 재 뿌리는 일과 같습니다. 조금을 얻으려고 전부를 잃는 어리석음은 없어야겠지요. 힘이 있으면 사용하고픈 시험에 들게 되므로 오히려 힘 없음에 감사하고 '나 없음' 의 자유를 만끽할 일입니다.

질문은 자기를 이것이나 저것이라고 믿을 힘을 잃어버리게 합니다. 내 생각을 믿지 말고 끝없이 질문하세요. 생각은 분리입니다. 그 어떤 성스러운 생각도 분리여서, 생각하면 어긋납니다. 일어나는 생각마다 진실이냐 물으면, 정체성이 사라지고 우리가 하나임을 봅니다. 나와 남이 구별됨이 없는 마음은 진정한 평화를 주는데 초능력이 뭣 때문에 필요할까요? 초능력이 생기면 평화롭나요? 나를 위해 얻어야 할 것은 하나도 없습니다. 아버지께서 이미 다 충분히 주셨기에 더 이상 바라고 원할 것이 하나도 없습니다.

만약에 예수가 제자들에게 일러 병자를 치유하게 함으로써 예수의 말씀을 믿고 따르게 하려 하였다면, 치유된 이들은 치유의 능력을 따르게 될까요, 말씀을 따르게 될까요? 금강경에 "삼천대천세계에 가득한 칠보로 보시함이 사구게만이라도 수지독송하여 다른 이에게 해설해 줌만 못하다." 함은, 보시의 선행이 '나 없음'의 깨달음과 비교할 수 있겠느냐는 말과 같습니다. '나 없음'으로 아버지와 함께함 보다 더한 가치가 있는 일이 있을까요?

'나 있음'으로는 내 생각 밖을 볼 수 없어
결코 하늘나라를 볼 수 없습니다.
생각은 생각만큼의 거리를 수반하여 결코 하나가 될 수 없게 합니다.
정말로 고요히 고요히 '자신'을 보십시오.
그리고 '나 없음'의 실체를 보십시오.
아버지와 함께함이 진정한 평화요 사랑입니다.
구하고 원할 것은 하나도 없습니다.
나의 할 일은 나 자신을 지우는 일입니다.

평상심

일어나는 그대로 우리와 함께 있습니다.
웃음이 있고, 눈물이 있지만, 그것은 하나요 둘이 아닙니다.
서로의 보완이며 함께 어우러져 살고 있는 것입니다.

• • •

도道는 앎과 아무 상관이 없지만, 모름과도 아무 상관이 없습니다. 안다는 것은 착각의 상태이고 모른다는 것은 멍한 상태일 뿐입니다. 만일 진실로 "하고자 함이 없는 도道常無爲而無不爲"에 이른다면 허공처럼 확 트일 것입니다.

모두가 하나이기에 모든 것은 평등합니다. 옳고 그름도, 높고 낮음도, 아름답고 추함도 분별함이 없으니 모두가 평등합니다. 평등한 곳에 희비가 있을 수 없어서 지락무락至樂無樂입니다. 똥 싸고 오줌 누며 옷 입고 밥 먹으며 피곤하면 눕는 일상의 생활이 아버지와 함께합니다. 특별할 일도 없고 일어나는 모든 일들이 하나 되어 잘 짜인 비단 위에서 함께 어우러져 모두가 하나로 있습니다. 각자가 제 일이 따로 있는 듯이 보여도 비단 위의 한 부분일 뿐이어서 구별되지 않습니다. 시장의 상인들이 각자 자기 물건을 팔고 있지만, 시장은 하나요, 그 시장에서 하나의 상행위가 이루어지고 있습니다.

모두가 아버지와 함께하고 있으며, 좋고 나쁨이 없습니다. 일어나는 그대로 우리와 함께 있습니다. 웃음이 있고, 눈물이 있지만, 그것은 하나요 둘이 아닙니다. 다름이 아닙니다. 서로의 보완이며 함께 어우러져 살고 있는 것입니다.

아버지는 항상 우리와 함께하시기에 일어나는 일을 '있는 그대로' 함께하십니다. 밥 먹고 걷는 일이라고 해서 제나의 일이라고만 할 수가 있나요? 무슨 일이든 제나와 얼나가 한데 융화되어 이것저것 구별할 일이 없습니다. 내 생각이 있을 때만 분별이 일어나며, 내 생각이 없으면 모두가 하나이어서 평등합니다. 내 생각으로 보지 않으면 다르게 볼 일은 하나도 없습니다. 우주 자체가 하나여서, 이것과 저것을 칸막이할 수 있는 일은 없습니다.

앎이 그대를 속이고 있음을 명심하십시오 아무것도 모르는 무식함에 있으라는 것이 아닙니다. 앎에 걸려 넘어지지 말라는 것입니다. 고요함은 아무런 걸림이 없는 탁 트인 허공 속에 있습니다. 생각을 내려놓으면 시비는 어느 곳에 있을까요? '나 없음'에서 고요히 있으십시오. 모두가 하나이어서 평등합니다. 기울어짐이 없는 평등한 세계, 평상심입니다. 무심의 세계에서 하나가 된 마음입니다.

카톡방

진정한 사랑은 아무 생각이 없이 무심히 일어납니다.
아무리 성스러운 생각이라도 생각하면 위선이 되고,
생각은 '나' 있음의 산물이라, 착한 일조차 '나 드러냄'이 됩니다.

· · ·

오늘 아침도 어김없이 '카톡'하고 알림 인사가 울립니다. 카톡방에
올라오는 아침 인사는 하나같이 복을 빌어주고, 마음을 보내고, 당신이
있어 참으로 행복하다는 등, 정을 주고받는 메시지 일색입니다. 우리가
함께하고 있음에 감사하며, 당신을 위해 기도하는 이가 있음을 알리는
듯하여 여간 흐뭇한 게 아닙니다.

그럼에도 불구하고 채색된 사진의 전달을 보고 있노라면, 이런
인사가 가슴 깊이 스며들지 않음을 느낄 때가 있습니다. 손수 써
보낸 인사가 아니어서가 아니라, 또는 남의 얘기를 전달하는 요식적인

일이어서라기보다는, 너무 많은 언어의 남발이 우리의 감정을 무디게 하지는 않을까 하는 염려가 들기 때문입니다.

복을 빌어주는 것은 고마운 일이지만, 비움이 할 일인데 무엇으로 채워주려는지, 받기도 거북하고, 안 받을 수도 없는 어색함이 자리합니다. 그래도 나의 할 일은 비우는 일이어서, 오는 복, 가는 복, 아무 생각 없이 보내고는 '나'란 없는 것임을 깊이 묵상합니다. 이 세상은 내 생각의 산물이어서, 사랑하는 사람마저도 사람에게 집착하지 않고, 그 사람에 대한 관념에 집착합니다.

진정으로 사랑하면 사랑한다는 생각이 없이 사랑합니다. 진정한 사랑은 아무 생각이 없이 무심히 일어납니다. 아무리 성스러운 생각이라도 생각하면 위선이 되고, 생각은 '나' 있음의 산물이라, 착한 일조차 '나 드러냄'이 됩니다. 내가 있으면 나와 남이 분리되어 시비는 반드시 있게 되고 그것은 아버지의 뜻이 아닙니다. 옳음은 없으며 '무엇이 아버지의 뜻'인지를 보아야 합니다. 아버지의 뜻은 '네가 생각하는 너는 없고, 네가 나의 아들임을 보라'는 것입니다. '나'가 없을 때 아버지와 하나 되어 진정한 아들로 거듭 태어나게 됩니다. 이것이 아버지의 뜻임을 바르게 이해하는 것이 깨달음이며, 깨닫고 보면 아버지의 사랑이 얼마나 위대하고 무한한지 알게 되어 기도할 일이 없습니다. 넘쳐나게 다 주셨기에 바랄 게 없습니다.

참으로 신기한 것은 '내가 있다'고 믿을 때는 나를 사랑하지 않고 밖의 것을 탐하며 밖의 것을 사랑하더니, '내가 없다'는 것을 알고 나면 내가 나를 사랑하고 있음을 봅니다. 내가 전부이며, 진정한 사랑은 내가 나를 사랑하는 것입니다. 내가 없으니 진정한 내가 나타난 것입니다. '나의 나에 대한 사랑'은 내가 있을 때의 에고 사랑(自愛)과는 너무도 달라서 전부를 사랑함이지만 '철저한 에고이스트'로 보일 만큼 자기와의 사랑에 빠져 있습니다. 단 하나의 진실한 사랑은 자신과의 사랑입니다. 내가 당신을 사랑함은 당신을 사랑하는 그 마음을 사랑하기 때문입니다. 내가 당신을 사랑함은 당신과는 아무런 관련이 없습니다. 나를 철저히 비워놓으면 모두가 나이어서 전부를 사랑합니다. 이웃이 나이기에 사랑하지 않을 수 없습니다.

'나 없음'이 진실한 사랑입니다. 나만 없으면 모두가 나이기에 사랑하지 않을 수 없으며 모든 것에 대한 사랑이 아버지 사랑입니다. '아버지를 사랑하고, 네 이웃을 사랑하라' 함은 너를 없이하라는 말씀입니다. '나 없는 나'의 본성이 '나'이며 그 본성으로 살라는 말씀입니다.

매일 아침, 나는 이렇게 카톡방 인사를 하고 싶습니다.

진실을 보세요
'나'를 찾으세요
우리가 그리스도요, 붓다입니다.

농부

눈에 비친 농부의 삶이 힘들게 보일지라도
'뿌린 대로 거두는 농부의 삶'은 진실합니다. '있는 그대로'에 내맡기는
농사꾼의 삶이 그래서 도(道)에 이르는 길입니다.

· · ·

함이 없이 함은 최상의 함입니다. 의지를 가지고 하면 내가 끼어들어 본래대로 이루어지지 않습니다. 내 뜻이 끼어들면 신기하게도 축소되고 아름다움이 덜합니다. 무아無我, 무위無爲의 힘은 모든 것을 포용하여 아름다움의 극치를 이룹니다.

이렇게 사는 사람들이 있습니다. 농부들입니다. 내가 농부는 아니지만, 어렸을 적 농촌 생활을 떠올리며 농부들의 삶을 그려봅니다. 농부들은 누구보다 일찍 일어나 논 한 바퀴 돌아보고, 아침을 들고는 수저를 놓기가 무섭게 들로 나갑니다. 경제성이 떨어져 힘들기만

하다고 불평하는 이를 뒤로하고 묵묵히 자기 일에 매진하는 농부들. 돌이켜 보면 철없던 시절에 고향을 등진 이유가 농부가 되기 싫어서였습니다. 나는 저렇게 힘들게 살지 않으리라는 마음으로 농사일을 놓고 살아온 지난날이 아쉽게 느껴지는 대목입니다. 힘든 일의 가치를 모르고, 편함이 무엇인지도 모르고, 막연히 편함을 좇아서 살아온 지금은 남은 것이 별로 없습니다.

돈이 자유와 평화를 가져다줄 것이라고 알았던 어리석음이, 남은 게 돈뿐임을 늦게서야 알고서, 남은 게 별로 없음을 보게 됩니다. 힘들고 편함이 하나이어서 택할 것이 없이 주어진 환경과 함께하는 사람이 진정한 부자입니다. 환경이 '나'입니다. 등산을 하다가 다음 야영지까지 가야 물이 있고 밥을 지을 수 있는 상황이 되면, 힘들다는 생각이 들기보다는 어떻게 하면 빨리 도착할 수 있을까를 생각하게 됩니다. 힘들고 편함은 생각지 않습니다. 오히려 힘들어하는 동료의 짐을 나누어 짊어지고 목적지를 향하여 걸어갈 뿐입니다.

어느 날 '다석 류영모 선생님'의 '농부가 되라'는 말씀을 대하던 중, '왜 하필 농부뿐일까?' 하는 의문과 함께 '선생님'도 괜찮은 직업이라 생각되는 혼란에서 벗어나게 된 것이 '무위無爲'였습니다. 선생님은 제자를 가르쳐야 하니 아무래도 작위가 들어가게 되어 있고, 농부는 작위가 들어갈 여지가 거의 없습니다. 무위無爲의 생활을 직업으로 삼는 행복한 사람, 농부. 때를 놓치면 안 되기에 힘들고 편함을 생각할 겨를이 없이 환경과 하나 되어 사는 삶. 환경이 '나'이고, 항상 '지금 여기에' 있는 삶. 거짓된 허상의 관념을 떠나 실재하는 생활 속에 있는 삶. 나도 남도 떠나 오로지 농사의 때 맞추기에 마음을 쏟고 사는 삶. 때에 내맡기고 '나'는 없는 삶이 농사꾼의 삶이었습니다. '나 없음'의 삶이 '농부의 길' 속에 있습니다.

내가 있는 한, 모든 것은 나의 관념에 불과하여 거짓입니다. 진실을 떠나 살기에 괴로움에서 벗어날 수 없음에도, '나 있음'의 허상에서 헤매는 삶을 사는 것이죠. '나 없음'의 진실은 평화를 가져옵니다. 우리의 눈에 비친 농부의 삶이 힘들게 보일지라도, '뿌린 대로 거두는 농부의 삶'은 진실합니다. 농촌에서 많이 듣는 얘기는, "논에서 사는 만큼 풍년을 약속받는다"는 말입니다. 논 이랑을 할 일 없이 걸어만 다녀도 농사가 잘 된다고 얘기합니다. 논의 물을 맑게 두지 않고 구정물을 일으키는 만큼 농사가 잘 된다고도 하죠. 생명 활동이며 농자천하지대본農者天下之大本입니다. 하는 그대로, '있는 그대로'에 내맡기고 사는 농사꾼의 삶이 그래서 도道에 이르는 길입니다.

지금 이대로에 있으며, 환경과 함께하는 농부의 삶에서 '나 없음'의 삶을 봅니다. '나 없음'이 진실이며, 내가 없을 때 전체와 하나가 되는 삶이 농부의 삶입니다.

하늘과 땅과 생물이 바로 나입니다.
그리스도와 붓다와 하나이며,
아버지와 하나이고,
사랑 안에 있습니다.

혼자라는 것

혼자라는 것은 고독의 길이 아니라 전부라는 것입니다.
아무것도 없이 혼자라는 말은
'나 없음'일 때 아무것도 없이 전체와 하나라는 말입니다.

• • •

항상 혼자이면서 혼자인 줄 모르고 남과 같이 사는 줄 알았습니다.
함께 함에 감사하며 함께 살아가는 법을 배우고 배려와 용서 그리고
화합을 앞세우며 '우리는 사회적 동물'임을 내세워 왔습니다. 공동체
에 귀속하여 살아가는 소속감에 흐뭇해하기도 했습니다. 내가 살아가
는 힘이 그곳에 있다고 믿으며, 가정과 사회와 국가를 위하여 헌신함을
미덕으로 알았습니다. '나'를 놔두고 밖으로 나다닌 것입니다. 나는
내 안에 있는데 밖에서 찾으려 했던 것입니다. 나를 찾으면 모든
것이 나와 하나이고 모두가 나이어서 헌신할 일이 없는데도 말입니다.

안으로 '나 없음'을 보고 밖으로 모든 것이 나임을 보는 것이 '나 찾음'입니다. 그 길은 혼자 가는 길이라서 같이 할 수 없습니다. 나 밖의 어떤 것도 분리이어서 내가 전부임을 알아야 합니다. 천상천하 유아독존天上天下唯我獨尊입니다. 분별은 모든 것을 혼란에 빠뜨려 놓는데도 우리를 유혹하는 힘이 대단하여 물리치기가 여간 어려운 게 아닙니다. 에고가 하는 일이 바로 그 일이며, 우리는 속고 있는 줄도 모르고 속으며 살고 있습니다.

내가 있다고 믿으면 나 아닌 것도 있어서 함께해야 하는 괴로움이 따릅니다. 함께한다 함은 나와 남이 분리되어 있음을 전제합니다. 나와 남이 있으면 해석하고 판단하는 일이 일어나고, 고락이 따릅니다. 즐거움만 영속하길 바라지만, 그러면 둘이 아니라 하나겠지요. 함께하는 것이 좋은 듯이 보여도, 함께 하고자 함은 고락의 연속입니다.

우리는 우리를 우리 안에 가둔다는 것을 보고, 함께함은 필연코 괴로움이 따름을 보아야 합니다. 혼자이어야 합니다. "무소의 뿔처럼 혼자서 가라." 부처의 말씀은, 나 혼자일 때 분별없는 하나인 세상을 살게 된다는 뜻입니다. 혼자라는 것은 고독의 길이 아니라 전부라는 것입니다. 아무것도 없이 혼자라는 말은 '나 없음'일 때 비로소 아무것도 없이 전체와 하나라는 말입니다.

"내가 온 것은 사람이 그 아비와, 딸이 어미와, 며느리가 시어미와 불화하게 하려 함이니, 사람의 원수가 자기 집안 식구리라"(마 10:35-36). 가족마저 떠나보내고 혼자서 가라는 예수의 말씀은, 내가 전부임을 알라는 것입니다.

혼자이니 누구와도 비교하고 분석할 일이 없으며 판단할 일이 없습니다. 판단하지 않으면 에덴동산입니다. 혼자이면 분별할 일이 없어 쌍차쌍조雙遮雙照*, 유와 무의 합일이니 중도中道입니다.

나 혼자임이 '나 없음'입니다. 혼자라는 것은 있다고 믿는 자아를 지운 것입니다. '내가 있다' 함은 '나 아닌 것도 있다'는 것으로, 혼자가 아닙니다. 혼자이기 위해서는 모두가 하나인 그곳에 있어야 합니다. 그곳은 '나 없음'에 있고 아버지와 함께합니다. 내가 있으면 보이지 않는 하늘나라가 내가 없을 때에는 나타나게 되니, 나와 하늘나라는 공존할 수 없습니다. 양변兩邊이 차단된 오로지 하나, 홀로 있어야 하며, '나 없음'에서 전부가 나타납니다.

천상천하유아독존天上天下唯我獨尊. '천하에 나 혼자'라는 것은 '모두가 나이고 모두가 다 존귀한 존재들'이라는 뜻입니다. 온 천지가 나뿐이고, 사랑뿐입니다.

---

* 모든 일체 양면을 다 버리는 것이 쌍차(雙遮), 모든 양변이 융합하여 중도원리가 드러난다는 것이 쌍조(雙照)로서, 모든 망견을 다 버리고 나면 자연히 바른 이치가 드러나지 않을래야 않을 수 없음을 나타내는 말이다.

편들지 마라

줄을 잘 서는 것이 출세의 지름길이라는 세상에서,
어느 편에 설까 고뇌하기보다는 진실의 편에 서 있으십시오.
옳고 그름이 없는 평화는 너무도 단순한 '나 없음'에 있습니다.

• • •

화해란 우리의 이원론적 견해와 누구를 벌 주려는 성향을 등지는
것이다. 화해는 온갖 형태의 욕망에 반대하지만, 어느 한쪽을 편들지
않는다.

갈등 현장에서 대부분의 우리는 어느 한편에 서려고 한다. 편파적인
증거나 남의 말에 근거하여 그른 것에서 옳은 것이라고 가려낸다.
사람들은 옳음을 위해 분개해야 한다고 사람들은 생각한다. 하지만
아무리 합법적이라 해도 정당한 분개로는 충분치 않다. 우리가
사는 이 세상은 정의로운 행동에 기꺼이 뛰어들려는 사람들이

부족한 게 아니다! 우리에게 부족한 것은, 어느 한쪽을 편들지 않아서 전체 현실을 껴안을 수 있고 사랑을 할 줄 아는 그런 사람들이다. …굶주리는 아이들의 몸이 자기 몸으로 보일 때까지, 살아 있는 중생의 아픔이 자기의 아픔으로 느껴질 때까지, 우리는 마음 모으기와 화해를 위하여 수련해야 한다. 그때 비로소 아무것도 판단 분별하지 않는 참사랑을 실천할 수 있을 것이다. 그때 우리는 모든 것을 자비의 눈으로 보고 사람들의 고통을 참으로 덜어줄 구체적인 작업에 들어갈 수 있다.

—틱낫한, 『너는 이미 기적이다』 중에서

틱낫한 스님의 이 말씀을 제 글 속에 꼭 함께하고 싶었습니다. 한 문장 한 문장에 함의되어 있는 깊이와 넓이가 어느 것 하나 빠트릴 것이 없고 손 볼 것이 없이 오롯이 가슴에 가득 새겨야 할 주옥같은 말씀이어서 보고 또 보고 싶은 글이기 때문입니다. 그중에서도 우리가 기본적으로 알아야 할 귀한 말씀은 "편파적인 증거나 남의 말에 근거하여 그른 것에서 옳은 것이라고 가려낸다."는 말씀입니다. 참으로 진실을 파악하는 데 있어서 가장 기본적으로 살펴보아야 할 내용입니다. '그른 것에서 옳은 것이라고 가려낸 것'—가정이 거짓이면 결론이 어떠하든 참이 되는 모순을 이렇게 간결하게 말씀하고 계십니다. 내가 있다고 하는 세상인 한, 이 세상은 다 거짓이어서 편파적인 증거나 남의 말이나 어떤 것을 가져다가 활용해도 '참'으로 둔갑하는 마술 아닌 마술이 우리에게 항상 일어나는 일입니다. 그른 것에서 옳은 것이라고 가려내어 봤자 그름에서 가려낸 것임을 확실히 인지하

216

면, 뭐라고 치장을 하든 그것은 거짓임이 명백합니다.

이 세상에 진실이 있음을 하나만이라도 찾을 수 있으면 좋겠습니다. 단 하나 오로지 내가 없을 때 말고는 내 생각에 비추어진 내 세계일 뿐입니다. 그래서 '살아 있는 중생의 아픔이 자기의 아픔으로 느껴질 때까지' 나와 남이 없이 하나일 때 진실은 드러나고 자비의 눈이 비로소 떠진다고 말씀하시는 것입니다. 자기를 부정하지 않고는 결코 진실을 볼 수 없어서, 그른 것에서 옳은 것이라고 가려낼 수밖에 없는 구조가 이 세상 구조입니다.

옳음은 경계가 되어 폭력을 양산하지만, 정의로운 길에 서 있다고 항변하는 사람이 그리도 많아서 "우리에게 부족한 것은 어느 한쪽을 편들지 않아서 전체 현실을 껴안을 수 있고 사랑을 할 줄 아는 그런 사람들"이라고 말씀하십니다.

옳음을 이야기하지 맙시다. 어느 한편에 서 있는 것이 얼마나 불편한 일인지요? 부인과 어머니 사이에서 당신은 어느 편에 서시렵니까? 세상은 이보다 더 어려운 관계망 속에 있습니다. 줄을 잘 서는 것이 출세의 지름길이라는 세상에서, 어느 편에 설까 고뇌하기보다는 진실의 편에 서 있으십시오.

옳고 그름이 없는 평화는 너무도 단순한 '나 없음'에 있습니다. '나 없음'의 세계는 아버지와 하나인 사랑이 충만한 하늘나라입니다. 나는 없는데 전체가 '나'인 신비가 아버지 나라에 펼쳐져 있습니다. 그것이 우리 모두에게 있다고 성경은 가르쳐주고 있습니다. "내가 너희 안에, 너희가 내 안에 있다."

그런가

슬픔이 오면 슬픈 대로 안타까우면 안타까운 대로
그렇게 흘려보내며 가슴으로 안아주어야 합니다. 모두가 한마음으로
아픔을 함께할 때 우리는 아버지와 하나가 됩니다.

・・・

일어나는 일들이 왜 그러한지, 우리는 알 수 없습니다. 다만 적극적
으로 수용하여 '그런가' 할 뿐입니다. 세상을 바꿔 보려 하지 마세요.
당신이 원하는 세상은 당신의 세상일 뿐, 가슴 아픈 사람이 얼마나
많을지는 생각해 보셨나요? '소비가 미덕'이라는 이윤 추구가 환경을
얼마나 파괴하고 삶을 얼마나 피폐하게 하는지 안타까워, 검약의
아름다움을 내세워 유행을 멀리하고 새 옷을 사지 않는다면, 옷 시장에
종사하는 그 많은 사람들은 어떻게 위로하시렵니까? 헌 옷이 편하고
좋은 사람은 좋은 그대로, 새롭고 독특한 패션이 좋은 사람은 그것대로
그대로 놓아둠이 혼란에서 멀어지는 길입니다. '그런가' 하고 그대로

놓아 보내면, 상대되는 그것들이 다툼이 일어 혼란이 이는 것같이
보여도 우주의 완벽함을 위한 일에 지나지 않습니다.

산 자의 입에 달려 있음에도 아무런 변명도 없이 모든 것을 가슴에
안고 떠나간 어버이의 심정으로 그냥 그렇게 놓아두고 떠나갑니다.
산 자들의 입방아야 그러려니 하고 모든 것을 안고 가는 아름다움에
침을 뱉어도 침 뱉는 자의 일이요, 안타까움에 오열하며 그럴 수는
없다고 하는 자는 그 사람의 일일 뿐, 그런 일들이 모여서 새로운
길을 모색하며 큰 길을 이룹니다. 모든 것은 일어나야 하기에 일어나는
것입니다. 우리가 사는 것 같아도 우리는 살아지고 있습니다. 숨을
쉬는 게 아니고, 숨이 쉬어지고 있습니다.

우리에게 이게 이롭다는 생각과 이게 이렇게 하면 우리에게 이로우
니까 한다든가, 이렇게 되었을 때에는 또 하나의 위태로운 세력을
형성하게 되겠지요 그리고는 이 세상에 앙금의 뿌리를 내리고 다투게
되겠지만, 이것은 기득권과 명리를 위해서 모인 단체나 대권을 위해서
모인 정당에서나 일어나는 일로서, 이 우주와는 아무런 관련이 없습니
다. 우리는 아버지의 뜻이 무엇인지 깊게 살펴보는 것으로 아버지와
함께해야 합니다. 무슨 일이 일어나도 아버지의 일이기에 '그런가'
하고 적극적으로 수용하며 품어 안는 것입니다.

세상의 아버지들은 아들의 가는 길이 위태로워 보여
염려하면서 아들이 잘 되기를 바라지만,
그것처럼 어리석은 일은 없습니다.
아들이 미래에 있으면 지금의 아들은 없게 됩니다.

영원히 오지 않을 미래의 아들을 사랑할 순 없는 일입니다.
지금의 아들, 전혀 부족하지 않습니다.
하나님 아버지처럼 그냥 '있는 그대로' 보고
그대로 수용해야 합니다.
슬픔이 오면 슬픈 대로, 안타까우면 안타까운 대로,
그렇게 흘려보내며 가슴으로 안아주어야 합니다.

모두가 한마음으로 아픔을 함께할 때,
우리는 아버지와 하나가 됩니다.
알 수 없는 우리가 아는 척하는 것은
진실을 호도할 가능성이 매우 커서
'있는 그대로' 받아들임으로 충분합니다.

'그런가?' 하고 묻는 것이 아닙니다. '그런가!' 하고 받아들이는 것입니다. 어떤 혹독한 오해가 닥친다 해도 '그런가' 하고 받아들여서 지나고 보면 진실은 밝혀지게 마련이지만, 진실을 바로잡으려 일을 벌여 놓으면 오해가 더욱 깊어지고 상처만 남는 경우가 훨씬 더 많음을 우리는 경험으로 알고 있습니다. 오해의 뿌리는 대개 누군가의 모함에서 비롯되기보다는 피치 못할 일에서 비롯되며, 그것은 어찌 보면 아버지께서 내게 준 시련인지도 모릅니다. 나를 시험하기 위해서가 아니고 역경을 이겨낼 기회를 주셔서 더욱 아버지 집으로 가까이 인도하려 하시는지도 모를 일입니다.

오해가 밝혀지고 아버지의 사랑이 임재하실 때,
우리의 삶이 얼마나 충만해지겠습니까!
아버지의 역사하심이 체험될 때,
우리는 진정한 사랑 안에 있게 됩니다.
그런가!

성경 말씀

너무도 간단합니다. 내가 있는 한 모든 것이 허상이어서
나의 생각이나 내가 보는 것은 내 생각이기에
'있는 그대로'의 진실이 아님을 알아야 합니다.

· · ·

성경은 구약과 신약, 전반부와 후반부로 나누어 말씀하고 계십니다. 전반부인 구약을 '율법 시대'라고 하고 후반부인 신약을 '은혜의 시대'라 하며 아버지의 사랑에 감읍합니다.

2019년 11월 3일에 하나임을 보여주신 아버지께서 2020년 7월 13일 오늘은 "모세는 모압에서 죽음을 맞이하게 하시고, 예수는 십자가에서 죽여 놓고 왜 부활하여 영생케 했을까? 하고 물어오셨습니다." 그렇게 물으시곤 곧바로 답도 주셨습니다. 누가복음 15장 11-32절의 말씀입니다.

우리가 흔히 '탕자의 비유'라고 하는, 집 나간 둘째와 아버지 집을 충실히 지키고 있는 큰아들 얘기죠. 태어나 아버지 집에서 어려움을 모르고 자란 형은 아버지의 은혜가 얼마나 큰지 모르고 자기를 드러내어 아버지를 탓하며 동생과 비교합니다. 집 나간 동생은 먹을 것이 떨어져 아버지 집에 먹을 것이 풍성함을 기억하고 아버지께 가서는 '저를 품꾼의 하나로 보소서' 하고는 자기를 부정합니다. 모세는 태어나 죽을 때까지 하나님과 같이 있었습니다. 그의 일생이 성경에 자세히 나와 있습니다. 반면에 예수는 태어남 이후 공생애를 시작할 때까지 30년의 행적이 묘연합니다. 그리고 예수는 모든 것이 하나도 남김없이 사라질 때까지 사랑의 길을 걸으며 아버지 집은 사랑 안에 있음을 보여주십니다.

모세는 이스라엘 백성을 인도하기 위한 힘이 필요했습니다. 그래서 힘을 주시어 홍해도 건너가게 하셨지만, 백성들은 아버지의 힘을 좇을 뿐 아버지의 사랑하심에 둔감했습니다. 아버지께서 주신 모세의 힘을 좇을 뿐, 아버지는 그들에게 없었습니다. 힘을 주니 힘을 좇음을 보시고, 그 힘을 거두어들이기로 하십니다. 그래서 모압 평지 느보산에 올라 약속의 땅을 구경만 시켜 주시고는 모세는 거기에 들어갈 수 없노라고 선언하신 것입니다. 모세를 따르는 이들이 힘만을 좇을 게 뻔하여 여호수아에게 일을 맡기신 것입니다. 그래도 모세의 율법만을 좇는 백성들을 보시고는 '그리도 모르느냐? 이 아버지는 사랑이란다.' 힘이 아닌 사랑임을 보여주시려고 예수를 보내신 것입니다.

예수의 삶은 공생애뿐입니다. 공생애 전의 삶이 어떠해야 하는지 전혀 알 필요가 없습니다. 그럼으로써 사랑에 조건이 없음을 나타내신 것입니다. '사랑은 이런 거란다' 몸소 보여주는 것으로 충분하고, 보여주는 것 말고 달리 방법이 있는 것도 아니어서, 공생애 전의 생활이 어떠했는지는 전혀 문제 될 것이 없습니다. 굳이 상상해 보자면, 사랑을 알게 하시려고 지독하게 고생을 시키고 십자가를 지고 갈 체험을 하게 하셨을 것이라는 정도입니다. 예수님의 공생애에서 보여주신 모든 것으로 이미 충분합니다.

예수님은, 사랑은 사람들이 스스로 따르게 하는 진정한 힘이 있음을 보여주셨습니다. 스스로가 길이요 진리요 생명이었습니다.

전반부의 이스라엘 백성들은 어려서 스스로 따르게 할 수가 없었기에 모세에게 힘을 주어 따르도록 인도했습니다. 인도하는 것은, 보여주어서 알게 할 수 있는 것이 아닙니다. 내가 가는 길을 따르라, 다른 길로 새면 안 된다고 규율을 정하고 벌을 주는 힘이 필요합니다. 힘에 길들여진 이스라엘 백성들에게 힘이 가치가 없음을, 힘은 끝이 있음을 알려주려, 소멸하여 없어지는 힘에 부활의 영광을 보여줄 수는 없기에, 모세를 그냥 데려가신 것입니다. 그리곤 그의 무덤조차 아는 자가 없도록 하신 것입니다. 힘의 소멸입니다. 그럼에도 불구하고 힘을 좇는 어린 마음은 성숙할 줄 몰랐기에 예수님을 보내시어 사랑을 보여주시며 '이게 아버지의 본 모습'임을 나타내신 것입니다. 사랑은 하면 할수록 더욱 커져서 영생에 이르므로, 예수의 죽음 뒤엔 부활이 따를 수밖에 없습니다.

사랑은 인도할 수 없고 가르쳐줄 수 없습니다. 보여주는 수밖에 없습니다. 말이 아닌 실천을 강조하는 이유가 그것입니다. 예수께서 공생애 동안에 몸소 보여주신 '사랑은 이런 거란다' 하는 것을 복음서는 전하고 있습니다. 복음서의 이적이 우리에게 혼란을 주는 까닭은, 우리가 모세의 힘과 혼동하기 때문입니다. 예수는 단 한 번도 힘을 나타내신 적이 없지만 모세의 힘에 길들여진 어린 마음으로 사랑마저도 힘으로 해석하고 힘을 좇는 일에 열중합니다. 아직도 어린 백성이 많은 것입니다.

사랑에 무슨 힘이 필요합니까? 사랑은 힘이 필요치 않아요. 문제는, 내가 있기에 나도 모르는 사이에 힘이 필요한 듯이 환영을 좇는 것입니다. 그래서 예수께서 "자기를 부정하지 않고, 십자가를 지지 않고는 나를 따를 수 없다."고 하신 것입니다.

내가 있으면 신약이 구약이 됩니다. 내가 없으면 구약마저 신약이 됩니다. 내가 있고서 예수를 따를 수는 없습니다. 사랑은 남이 인도하는 것을 좇는 것이 아니라 스스로 따르는 것입니다. 보여주신 그대로 그 길을 따르는 것입니다. 내가 있기에 신약의 하나님을 보고도 구하고 원하는 어린 마음을 떨쳐버릴 수가 없는 것입니다. 2천 년이 지났어도 여전히 구약에 머물러 율법에 의존하여 옳고 그름을 따지고, 사랑이 무엇인지 모릅니다. 사랑에 조건이 없다고 하면서도 옳음을 주장합니다.

에덴동산에 선악과나무를 심으신 하나님의 마음을 알 듯도 합니다. 아담은 탕자의 비유에 나오는 큰아들과도 같습니다. 집 나가 고생해 봐야 에덴동산이 어떤 곳인지를 알 것 같기에 선악과나무를 마련해 놓았더니, 아니나 다를까, 아버지 집이 얼마나 좋고 감사한 일인지 모르는 아담은 선악과를 덜컥 따먹고서 갖은 고생을 사서 하게 됩니다. 그 아담들이 바로 우리들입니다.

이제는 아버지 집으로 돌아가야 하겠는데, 어떻게 해야 할까요? 길은 이미 예수님께서 보여주셨습니다. 예수님은 모세의 율법을 떠나 원수도 사랑하라 하셨습니다. 모세의 지팡이를 잡고 이 세상에서 영화를 누리다가 소멸해 가시겠습니까? 예수님의 십자가 지고 아버지 집에서 영생하는 삶을 사시겠습니까? 예수님은 말씀하셨습니다. 나를 따르려거든 자기를 부정하고 십자가 지고서 따라오라고, 그렇지 않으면 나를 따를 수 없다고 고작 백 년의 삶을 위해 영생을 놓치시겠습니까? 하나님은 선한 자나 악한 자나 공히 사랑하십니다. 벌 주시지 않습니다. 돌아온 둘째 아들을 환대합니다. 지금 우리는 아버지께 돌아갈 후반부에 와 있습니다. 아직도 전반부에 머무는 어린아이처럼 달라고 칭얼대기만 하지 말고 어엿한 성인으로서 스스로 찾아 나서야 합니다.

너무도 간단합니다. 내가 있는 한 모든 것이 허상이어서 '나 없음'의 무념무상無念無相이어야 합니다. 나의 생각이나 내가 보는 것은 내 생각이기에 '있는 그대로'의 진실이 아님을 알아야 합니다. 자기를 부정하기만 하면, 아버지와 하나 된 에덴동산에서 영생하게 됩니다. 그렇게 되면 십자가 지는 일이 힘들고 어렵고 피로가 쌓이는 일이 아니라, 에덴동산이 너무 좋아 하고 싶어지는 즐거운 일이 됩니다. 해야 하기에 해야 되는 일이 하고 싶어지는 일로 변모됩니다. 그것이 하나임의 세계입니다. 그 길로 안내하는 예수님을 따르십시오.

힘은 소멸하는 것으로, 다하고 나면 너무도 허망합니다. 심판은 임금에게 있다 함이 그것입니다. 구약의 시대를 멸하고 신약의 시대를 활짝 연 아버지의 뜻을 깊이 묵상해 보세요. 힘은 파멸의 근본입니다.

안전을 추구하고 환락을 즐기는 데는 힘이 필요할지 모르지만, 그 길이 파멸의 길임을 보고 사랑의 길을 택해야 합니다. 사랑은 꺼지지 않는 불로서 영원히 우리를 감싸 안아서 늘 행복감에 젖어 있게 합니다. 상락아정(常樂我淨: 내가 누구인가를 참되게 알아차리면 늘 즐겁다.)입니다. 힘이 내게 올 때마다, 사탄 즉 에고의 시험임을 알아차려, 내려놓고 아버지 찾아야 합니다.

"자기를 부정하고 십자가 지고서 나를 따르라."
길이요 진리요 생명이신 아버지 말씀입니다.

생각 키우기

나 있음보다 더한 기적이 있을까요?
내가 존재한다는 사실에 감사하면 그 어떤 것에도 감사합니다.
힘을 가진 나에 갇혀 살기에 괴롭고 힘든 것입니다.

• • •

생각은 굴레입니다. 생각의 굴레에 갇혀 있으면 얼마나 협소해지는
지 모릅니다. 생각을 떠나면 확장되어가는 나를 발견하게 됩니다.
비우려는 생각이나 떠나려는 생각은 그 생각에 머무르게 하는 지름길
입니다. 생각 자체를 생각지 않고는 비울 수도 떠날 수도 없기에
그 생각을 확장하여 가는 것입니다. 경계를 벗어나 한없이 바라보면
전 우주가 보이고, 그게 있음에 내가 있고 내가 곧 전 우주임을 봅니다.
벗어나려 하기보다는 그것과 함께 생각을 확장해가는 것입니다. 유식
무경(唯識無境: 인식이 있을 뿐 경계는 없다)입니다. 그 어떤 노력도 문제를
해결한 적이 없으며, 오히려 문제를 꼬이게 할 뿐입니다. 실체를

정확히 볼 때, 문제는 저절로 해결됩니다. 물을 마시는 설명을 아무리 잘 하여도 목마름은 해결되지 않고 설명을 하면 할수록 목마름만 더해갈 뿐, 물을 마시면 갈증은 저절로 가십니다. 많이 알면 문제 해결에 도움이 되려니 싶지만 도움은커녕 걸림돌일 뿐, 실체를 보는 간단함이 문제를 해결합니다. 그 길이 생각에 머무르지 않고 경계를 벗어나 생각을 확장하여 가는 데에 있습니다.

당신이 걸림돌처럼 여겨져 당신이 없으면 문제가 해결되려니 생각하기보다는, 당신이 있기에 내가 있다는 실체를 보면, 오히려 당신이 디딤돌이어서 당신에 감사하게 되고 문제는 저절로 풀립니다. '당신과 내가 둘이 아닌 하나'라는 생각의 확장이 진실을 보는 길입니다.

비움이 확장이요, 확장이 비움입니다. 집안의 가구를 없애 보세요, 집이 넓어지죠. 집을 확장하지 않아도 집안 가구를 줄이면 집은 넓어집니다. 빈 공간이 없는 물체는 없으며 공간이 없는 초밀도의 한 점은 공간 없이 존재할 수 없기에 빅뱅을 일으켜 우주를 생성하고, 지금도 팽창하고 있습니다. 내가 확장되어 가고 있는 것입니다. 우리의 생각을 한없이 확장하여 빈 공간을 만드는 것이 모든 것을 담을 수 있는 하나임의 초석이 되는 것입니다. 다 비워낸 영(0)이 모든 것입니다.

에고와 진아眞我가 하나임을 보세요. 에고를 없이하여 참나를 찾겠다고 하면 에고는 더욱 힘을 발휘하여 참나를 찾지 못하게 사탄의 역할을 합니다. 그 일을 멈추고 에고도 나임을 보면, 에고는 걸림돌이 아니라 은혜입니다. 우리를 있게 하는 기적이요 신비요 불가사의입니다. 에고에 머물러 에고의 힘을 쓰려 하기에 전도몽상顚倒夢想에서 헤어 나오지 못할 뿐, 에고와 진아가 하나가 될 때 고요하면서도 깨어 있게 되어 우리가 참나로 존재하게 되는 것입니다. 고요한 진아에만 머물면 육체 없는 시체요, 고요 없는 에고는 전도顚倒되어 몽상夢想에서 헤매다가 삶을 마무리하는 어처구니없는 삶이 되겠지요.

에고와 진아가 하나가 되면 고요 속에서 깨어 있어 항상 즐겁고 자유로우며 평화롭습니다. 이것이 진정한 하나이며, 천상천하유아독존입니다. 내가 전부이기에 그렇게 존귀할 수 없고, 신비이고 불가사의한 존재입니다. 이보다 더한 기적은 없는데, 물 위를 걷고 하늘을 나는 것이 무슨 의미가 있겠습니까? 우리는 이미 물 위를 걷고 하늘을 날고 있습니다. 배를 타고 바다를 건너고 비행기를 타고 하늘을 날지만, 내가 이렇게 존재함보다 더 신비하겠습니까? 나 있음보다 더한 기적이 있을까요? 내가 존재한다는 사실에 감사하면 그 어떤 것에도 감사합니다. 힘을 가진 나에 갇혀 살기에 괴롭고 힘든 것입니다. 햇빛도, 공기도, 물과 먹을 것도, 입을 것도 다 거저 주신 아버지께 필요 이상의 힘을 원하기에 괴로운 것입니다. 먹는 수고도 아니 하고 배부를 수 없으며, 입는 수고도 아니 하고 따뜻할 수는 없습니다. 게으르지만 않으면, 그리고 자족하면, 우리는 얼마든지 행복할 수 있습니다. 전도몽상顚倒夢想에서 멀리 떠나 실체를 바로 보면 모두가 하나인, 경계 없는, 우리의 본향에 있게 됩니다.

도둑질을 하면 예수도 석가도 나도 다 도둑놈이요, 예수처럼 살면 그리스도이고 석가처럼 살면 부처여서, 나도 그렇게 살면 그리스도요 부처입니다. 그 길이 중도中道의 삶이며 유식무경唯識無境입니다. 중도의 삶은 양변을 차단하여 비우고 비워서 경계 없음을 보고 하나임을 보는 것이요, 유식무경은 생각을 키우고 키워서 경계가 없음을 보고 모두가 하나임을 보는 것입니다.

　당신이 나이기에 사랑하지 않을 수 없으며, 숲에서 자라는 풀 한 포기가 나이니 곱게 보살피지 않을 수 없습니다. 모두가 사랑입니다. 이러한 사랑의 길이 하나임을 보면 저절로 열려서 그 길을 가신 분이 그리스도요, 붓다임을 알게 되고, 나도 함께 그 길에 있게 됩니다.

　에고의 눈으로 보면 전도顚倒되어 모든 것을 분리된 것으로 보고 힘을 좇게 되고, 몽상夢想에 사로잡혀 경쟁에 내몰리게 됩니다. 인생이 힘들고 괴롭게 됩니다. 이러한 에고를 떠나려는 것은 짐짓 옳은 듯하나, 에고를 떠날 수는 없어서 에고 너머의 나를 보고 에고와 하나 된 나로 확장하여 보아야 합니다. 자동차는 움직이지만 운전자는 그대로 있듯이, 에고에 휘둘리지 않고 에고를 통하여 나의 일을 하는 것입니다. 그것이 아버지께서 쓰신다고 하는 것으로, 아버지와 나는 하나입니다. 나의 관념을 떠나 생각을 키우고 키워서 아버지와 하나임을 보세요. 그것은 '나 없음'의 세계이며 모두가 하나인 절대 세계입니다. 무시무종無始無終이요, 불생불멸不生不滅입니다.

'나 없음'의 경이로움을 보고

한없는 자유를 만끽하세요.

내 생각만 없으면 삼라만상의 갖가지 차별 현상 그대로가

곧 절대 평등의 세계이며,

나 없이 '있는 그대로' 보면

이 세상은 완벽하게 잘 짜여진 하나의 비단입니다.

모두가 엮여 있어 '나' 아닌 것이 없습니다.

제4부

무아지경 無我之境

용담지촉龍潭紙燭

내 생각만 없으면 삼라만상의 갖가지 차별 현상 그대로가
곧 절대 평등의 세계이며, 나 없이 '있는 그대로' 보면
이 세상은 완벽하게 잘 짜여진 하나의 비단입니다.

• • •

여러 경전에 정통했던 덕산 스님은 특히 금강경에 밝아서 속세의
성인 '주邾'에 금강을 붙인 '주금강'으로 불릴 정도였다. 스님이 남방불
교의 스님들을 찾아가 설법을 하려고 남방으로 내려가는 중에 점심
때가 되어 떡 파는 할머니에게 떡을 청한다. 그런데 노파가 떡 팔
생각은 하지 않고 엉뚱한 질문을 던진다.

"스님, 제가 궁금해서 그러는데 뭐 한 가지 물어봐도 될까요? 만약
이 질문에 제대로 대답을 하면 떡을 공짜로 드리고, 대답을 하지
못하면 떡을 팔지 않겠습니다."

주금강이 아니던가. 덕산 스님은 자신 있게 대답한다. "예, 좋습니다. 무엇이든 물어 보십시오."

"'금강경'에 이르기를, '과거의 마음도 얻을 수 없고, 현재의 마음도 얻을 수 없고, 미래의 마음도 얻을 수 없다'는 구절이 나오는데 스님께 서는 어느 마음에 점심點心을 하시려는지요?"

스님은 '어느 마음에 점을 찍고 떡을 드시려는가' 하는 물음에 말문이 막히고 만다. 넋을 잃고 서 있는 덕산 스님에게 노파가 길을 일러준다. "이 길로 곧장 올라가시면 용담원龍潭院이라는 절이 있습니다. 숭신崇信 대사를 찾아가시기 바랍니다."

덕산 스님은 떡 파는 할머니의 안내로 숭신 스님을 찾아가 가르침을 청한다. 이 얘기 저 얘기 끝에 밤이 깊어 다음날을 기약하고 돌아가려고 방문을 나서니 밖은 칠흑 같은 어둠이라, 숭신 스님이 시자를 시켜 초롱을 대령하니 주위가 환하게 밝아진다. 덕산 스님이 신발을 찾아 신고 한 발을 내딛으려는 찰나, 숭신 스님이 초롱의 불을 훅 불어 꺼버린다. 환했던 대지가 다시 깜깜해진 그 순간, 덕산 스님은 크게 깨달은 바가 있어, 자신이 애써 저술했던 『금강경소초金剛經疏』를 다 태워버린 후 용담원을 떠났다고 한다.

많은 수도자에게 회자되는 용담지촉(龍潭紙燭: 용담의 초롱불)에는 무슨 뜻이 있는 것일까요? 생각의 한계에 갇혀 있지 말라는 뜻일 것입니다. 초롱불의 한계를 벗어나 불 밖의 세상을 보고 생각이 얼마나 제한적인 것인지 깨달았음 직합니다. 생각의 한계는 고작 초롱 불빛에 불과함을 깨달았음 직합니다. 금강경의 말씀을 내려놓자 환히 드러나는 깨달음의 세계가 보였음 직합니다. 안다는 것이 착각임을 알고, 안다는 것마저 없는 부지처不知處야말로 본래 자리가 아니겠습니까? 있다는 세상은 본시 빈 것色卽是空이요, 빈 하늘나라가 본시 있는 것空卽是色입니다. 생각이 없자 모든 것이 드러났습니다.

아무리 좋은 것도 내 생각만큼 좋은 것인데, 내 생각 없이 보면 얼마나 더 좋을까요? 꽃이 아무리 아름다워도 '아름답다' 생각하면 생각만큼만 아름다워서, 아무 생각 없이 그냥 바라봄만 하겠습니까? '0'이어야 합니다. 그러면 무한을 봅니다.

고요함이요,
공空이요,
무無이어야 합니다.

내 생각이 일어남은 생각만큼만 보는 굴레에 갇혀 있게 됩니다. 내 생각을 믿지 않고 내 생각을 내려놓으면 전부를 봅니다. 내 생각을 믿지 마세요. 덕산 스님이 받은 초롱불은 초롱불만큼의 밝기밖에 없기에 숭신 스님께서는 훅 불어 꺼버린 것입니다.

우리는 오직 자신이 소유한 것만을 잃을 수 있을 뿐이며, 우리 자신인 것은 잃을 수 없습니다. 몸을 떠나고 앎을 몰아내어 자신 안에 있게 됩니다. 몸은 마음이 필요 없습니다. 몸은 '나' 없이도 자연스럽게 작동합니다. 몸은 내 것일 뿐, 내가 아닙니다. 내 것이라 생각하는 모든 것은 허상이어서 '나'와는 무관함을 알아야 합니다.

"모든 형상이 다 형상이 아닌 줄을 보게 된다면, 즉시 부처님을 보리라"
(若見諸相非相 卽見如來).

'나 없음'의 경이로움을 보고 한없는 자유를 만끽하세요. 내 생각만 없으면 삼라만상의 갖가지 차별 현상 그대로가 곧 절대 평등의 세계이며, 나 없이 '있는 그대로' 보면 이 세상은 완벽하게 잘 짜여진 하나의 비단입니다. 모두가 엮여 있어 '나' 아닌 것이 없습니다.

진리인 성령은 성경 속에 있는 것이 아니라 내 안에 있습니다. 성경은 성령이 스치고 지나간 그림자에 지나지 않습니다. 내 안에 모든 것이 있습니다. 내 안에서 찾지 않고 성경에서 찾으려 함이 허상을 좇는 일이 되고, 아버지 말씀을 왜곡하여 자신의 탐욕에 합당하게 해석하는 일이 일어납니다.

성경도 불경도 밖이어서, 밖에서 찾음은 생각으로 접근하여 생각만큼만 보입니다. '하늘나라가 너희 안에 있다.' 하심은, 밖에서 찾지 말고 너희 안에 있음을 보라는 것입니다. '모든 것에 불성이 있다.' 함은, 생각 없이 '있는 그대로' 보라 함이요, 그러면 모두가 하나임을 보게 된다는 말씀입니다. 모든 것이 나와 하나로 엮여 있어 다름은 하나도 없다는 말씀입니다. 모래 한 알에 전 우주가 있음을 보아야 합니다. 초롱불은 초롱불만큼밖에, 태양도 태양 빛만큼밖에 비추지 않습니다.

무한 허공을 보세요. 1조 개가 넘는 은하들이 늘어서 있어도 그것들을 다 품어내고도 남아서, 못 받아들일 것이 없는 무無의 세계인 허공은 아무것도 없어서 '0'입니다. '나 없음'의 경이는 없음에서 전부가 드러나는 신비입니다. 등불 밝혀 앞길을 찾으려 하기보다는 내 본 것을 믿지 않고, 내 생각을 믿지 않고, 생각 너머의 '참나'를 보는 것입니다. 이 세상은 내 생각이어서 매우 미흡하고 왜곡된 세상입니다. 부분 안에 갇혀서 전체를 보려 하는 우愚를 범해서야 되겠습니까?

전체는 부분의 합이 아닙니다.
전체만이 부분을 볼 수 있습니다.
'나 없음'으로 다 비워내고
전체 안에 하나로 있으십시오.
분별없는, 오직 사랑만이 충만한
하나임에 있으십시오.

무아지경 無我之境

나의 존재를 잊고서 황홀함을 맛보게 되면
'나 있음'에 연연하지 않게 됩니다.
나를 떠남이 이리도 황홀하고 행복한가 경험해 봅시다.

• • •

무아지경이란 정신이 한곳에 온통 쏠려 스스로를 잊고 있는 경지로, 황홀경의 극치의 표현이며, 스스로의 존재마저 망각한 상태를 일컫는 말입니다. 황홀경에 빠져 춤추는 무희를 보고 무아지경에 들었다고 하고, 무아지경에 들어 노래하는 가수에 우리는 빠져듭니다. 무아無我, 곧 '나'란 없다는 뜻입니다. '나 없음'이 이리도 황홀한 경지이지만, 우리는 왜 나를 붙잡고 놓지 못해 스스로의 행복을 멀리할까요? 행복을 말한다고 행복해지는 것도 아니고, 자유를 말한다고 자유로워지는 것도 아닌데, 행복하고 싶다고 행복 찾아가면서 무아의 황홀경은 내 일이 아니라고 여기는 것인지 '없는 나'에 얽매입니다. 그렇게 흔히도 회자되는 무아지경은 뒤로하고 '나'를 지키려 이것저것 많이도 장만하고 건강은 끔찍이도 챙기면서 건강해서 무얼 할지는 물어보지도 않습니다. 세 잎 클로버 행복은 곁에 두고 행운의 네 잎 클로버 찾아다니듯이, 무아는 곁에 두고 어쩌다 안겨주는 재미 찾아 나를 붙들고 놓지 못합니다. 무아지경의 황홀경은 멀리 두고서 남의 일이라 여기는가 봅니다.

무아지경에 빠져 봅시다. 나의 존재를 잊고서 황홀함을 맛보게 되면 '나 있음'에 연연하지 않게 됩니다. 나를 떠남이 이리도 황홀하고 행복한가, 경험해 봅시다. 모든 문제는 '나 있음'에서 일어납니다. 나만 없으면 '무아지경'에 들어 참된 평화와 행복을 누릴 수 있음에도, 무아지경을 뇌이면서도, '나 없음'이 존재를 부정하고 죽음을 맞이하는 것으로 오해하기 일쑤입니다. 오온五蘊이 다 공空하여 나 너머의 '나'가 있음을 보자는 것입니다.

우리가 '나'라고 여기는 몸과 맘은 관념의 것으로 허상이어서, 그 너머의 '참나'에서 보면 '무아지경의 황홀한 세상'을 보게 됩니다. 무아지경에 들기를 원하면서도, 거기에 들어가면 그리도 좋을까 빠져 보고 싶으면서도, 선망의 경지임을 보고 들어 알면서도, 본인의 경험이 없으니 원함으로 탈바꿈하여 결핍감으로 전도되고 맙니다.

신은 매 순간 축복을 내리십니다. 우리에게 닥치는 불운과 실수는 우리 스스로 만든 것입니다. 신이 내린 축복을 우리 것으로 만드는 것은 오롯이 우리 몫이라 여기면서 우리의 존재 가치를 드러내려 하지만, 할 일이 없는데도 하려고 하는 그것이 문제임을 모르고 있습니다. 아무 일도 하지 않고 '놀고 먹으라'는 얘기가 아니라, 내 생각으로 접근하지 말라는 얘깁니다.

신이 내린 축복은 우리가 생각하는 것이 아닐지도 모릅니다. 신은 우리에게 충분히 주셨기에 이것저것 찾아다닐 일이 전혀 없는데도 필요 없는 일을 저질러서 문제가 생기는 것입니다. 필요 이상의 것을 가지려 신이 내린 축복을 파괴하고 있는 것은 아닌지 생각해 본 적이 있나요? 공중의 새도 먹여주고 들에 핀 백합화도 솔로몬의 영화로 입은 것보다 나은데 무엇을 더 바라느냐 스스로 물어야 합니다. 필요 없는 것을 찾아다니다가 참으로 소중한 '나'를 잃어버리는 어리석음을 범하고 있음은 아닌지 돌아보아야 합니다.

없는 나를 찾아다닐 일이 아니라, '나 없음'의 실체를 보고 무아지경에 들어가 봅시다. 적어도 무아지경이 최상의 가치임은 알고 있습니다. 위기의 순간에 자식을 구하는 어머니의 힘에서도 무아지경은 드러납니다. 알고 있는 그 길을 가 봅시다. 내 생각 없이 일할 때에는 나조차도 상상할 수 없는 힘이 발휘됩니다. 무아지경의 힘을 얻으려는 것이 아니라, 무아지경에 들어 아버지와 함께하자는 것입니다. 힘을 얻으려 함도 내 생각이어서 아무 생각 없이 '함이 없이 하는 것'입니다.

내가 끼면 '내 울타리' 안에 있습니다.
나를 벗어나 전부를 보세요.
무아지경은 '나 없음'에 있습니다.

참

밖으로 돌아다니는 제나만이 바쁘게 움직일 뿐, 얼나는 항상 그렇게 고요히
있습니다. 지구가 아무리 빠르게 움직여도 그 안에 있는 우리는 평온하듯이,
얼나가 제나 하는 일에 끼어들 일이 하나도 없습니다.

• • •

참은 참으로 참이어야 한다.
거짓이 아닌 참이 아니라 '참' 그 자체여야 한다.
확연한 진리의 등불이 되어 그곳으로 찾아갈 수 있도록.
영원불변하여 죽을래야 죽을 수도 없고
죽일 수도 없는 영생의 집에서
무시무종無始無終 불생불멸不生不滅
아버지와 하나로 있는 곳.

가진 꼴을 그대로 보여주는 허공처럼
있는 그대로를 그대로 보여주는 그곳.

해석하고 판단함이 없이 진실 그대로인 그곳.
너와 내가 없이 모두가 하나이어서 사랑으로 충만한 곳.
자유요 평화인 곳.

시공을 초월한 무한의 공간에서
거리가 없이 모두가 하나인 곳.
지구가 없어지고 우주가 소멸해도
그곳은 그대로 있어서 영원불변인 곳.

무아無我가 인도하는 그 길을 따라
'나 없음'으로 텅 비워놓으면
허공이 온 우주를 받아주듯 '나'가 모두가 되어
허공과 내가 하나 된 자리.
참은 참인 채로 오롯이 내 안에 있다.

시속 100Km의 속도로 달리고 있는 열차 내에서 커피를 마시고 있는 사람에게 커피의 속도는 얼마일까요? 열차 밖에서 보면 100Km/h 이지만 그 사람은 속도를 느끼지 못하겠죠. 지구는 초속 30Km의 속도로 움직입니다. 태양 주위를 공전하면서도 19.6Km/s의 속도로 움직이는 태양을 따라 움직이다 보니 지구가 볼텍스 형상을 그리며 움직이는 속도는 가히 상상을 넘어섭니다.

초속 30Km로 움직이는 지구 위에 있으면서도 우리는 전혀 속도를 느끼지 못하면서 살고 있습니다. 지구 밖 먼 곳에서 태양계가 움직이는 광경을 보면 태양을 따라 움직이는 행성들의 율동이 참으로 대단할 것입니다. 그래도 우리는 평온을 누리면서, 너희들은 너희들 일을 하라고 내버려두고서 우리의 생활을 합니다. 이렇게 평온할 수가 없습니다. 밖에서 보면 그리도 활발히 움직이는데, 안에 있으면 고요히 아무런 저항 없이 평온합니다.

제나(에고)와 얼나(참나)도 이와 같아서, 제나는 움직이나 제나 타고 움직이는 얼나는 고요히 평온하게 그렇게 있습니다. 제나의 움직임이 어떠하든 얼나는 동요 없이 그렇게 있습니다. 밖으로 돌아다니는 제나만이 바쁘게 움직일 뿐, 얼나는 항상 그렇게 고요히 있습니다. 밖으로 밖으로 나다니는 제나는 제나대로 놓아두고 얼나에 있으면 세상은 그렇게 평온합니다. 지구가 아무리 빠르게 움직여도 그 안에 있는 우리는 평온하듯이, 얼나가 제나 하는 일에 끼어들 일이 하나도 없습니다. 밖으로 나다니는 제나와 같이 있기에 나도 따라 움직이다 보니 나 또한 바쁜 것입니다. 밖에서 보면 현란하게 움직이는 그 많은 것들이 나와 같이 움직여서 관여할 수도 관여하지 않을 수도 없이 복잡하지만, 얼나는 내 안에서 홀로 전 우주를 품에 안고 평화로이 노닐고 있습니다. 밖에 있으면 움직이고, 안에 있으면 '있는 그대로'에 있습니다. 지구가 움직이는 일에 관여하지 않듯이 밖의 일에 관여할 일이 없습니다. 변화하는 밖은 밖대로 놓아두고 '내 안의 나'에서 영원불변의 절대세계인 '참'을 보아야 합니다. 내 안에 있는 '참'에 있는 것입니다. 그렇게 모두를 그것대로 보는 것입니다. 그러면 모두가 '나'임을 보고 나 아닌 것이 없기에 사랑하지 않을 수 없습니다. 참은 사랑입니다. 자유요 평화요 사랑인 그곳, 아버지 나라입니다.

중도中道

머물러 있음이 죽음입니다.
생명은 약동하며 변화를 계속하는데
머물러 있음은 생명이 없다는 얘기입니다.

• • •

유와 무의 합일인 중도中道. 이쪽에 치우침도 저쪽에 치우침도 아닌 중간에 있음을 일컫는 말이 아니라, 이쪽저쪽이 없이 하나라는 말, 중관中觀, 중도中道. 탐욕과 분노 그리고 치정을 일컫는 탐진치 삼독三毒을 멀리하고, 싸워 이겨내야 한다고 하지만 이것과 싸울 일은 없습니다. 이겨낼 수도 없지만, 싸움은 그것이 있음인데, 그것이 있음이 없음과 같아서 '있는 그대로' 봄이 상책입니다. 쌍차쌍조雙遮雙照로 있는 그대로 봄이 중도中道입니다.

삶과 죽음도 하나이어서 분별할 일이 없음에 중中에 있으려는 마음이 중요합니다. 간절하게 원하고, 내 생각인지 '있는 그대로'인지 의심하고 의심하여, 앎을 멀리하여 중中에 있으려 해야 합니다. 유무가 하나임을 확실히 보아야 합니다. 일어나는 탐심을 그대로 보고 그것이 괜한 쓸데없는 일임을 같이 보면 탐심은 저절로 사라져서 '있는 그대로' 봅니다. 그것이 없어도 아무런 문제가 없음을 봅니다. 분노와 치정도 원함의 발로이니, 원할 것이 없음을 같이 보는 것입니다. 이것은 텅 비워 내맡김으로 '나 없음'에 있는 것으로, 오랜 세월 영적 수행을 해야만 얻어지는 것이 아닙니다.

나는 세상에 대한 나의 이야기 속에서 살고 있으며, 나의 세상은 내 이야기에 불과합니다. 믿을 게 없습니다. 내 생각을 믿지 않고, 나를 부정하여 '나 너머의 나'를 보면 모두가 하나입니다. 분리할 일이 전혀 없습니다. 어떤 것이 좋다 함은, 다른 것은 나쁘다는 뜻입니다. 무심으로 하나임을 보세요.

죽음과 죽지 않음이 동등함은 변화만이 있을 뿐이기 때문이며, 그에 따라 건너가기만이 있을 뿐이기 때문입니다. 이곳에서 저곳으로 건너갈 뿐이어서, 둘은 동등하며 하나입니다.

머물러 있음이 죽음입니다. 생명은 약동하며 변화를 계속하는데 머물러 있음은 생명이 없다는 얘기입니다. 변함없는 실체 그대로는 유무가 하나인 세계입니다. 유는 무를 낳고 무는 유를 낳음은 유무를 다르게 보는 데에 있습니다. 허공이 없이 어찌 물질이 있을 수 있을까요? 허공은 물질의 꼴을 그대로 있게 하며, 둘이 하나이기에 모두가 존재합니다. '있는 그대로'이며, 참으로 좋습니다. 모든 것이 평등하고, 있어야 할 그 시각에, 있어야 할 그곳에 있습니다. 우리의 생각이 반영되지 않음은 지극히 당연하여 그에 대한 투정이나 원망은 괴로움을 낳을 뿐입니다. 현실과 다투어 그것이 지금과 다르기를 바란다면 고통이 따르고, 모두가 하나임을 보면 어떤 일이 일어나더라도 그 일은 내 일이며, 날 위해 일어납니다.

'이미 일어난 일'을 '일어나야 했다고 생각하는 일'과 비교하는 것은 신과 전쟁을 벌이는 일입니다. 이미 일어난 일은 어찌할 수 없어서, 기도해도, 애원하고 간청해도 바꿀 수 없으며, 자기를 벌주어도 바꿀 수 없습니다. 그것은 현재에 있지 않음이며, 중ㅐ에서 벗어난 상태입니다. 현재는 없으나 있으며, 이 세상은 미분으로 기술되고, 적분으로 움직입니다. 미세한 원자들의 합이 이 세상이며, 유와 무의 합일이고, 합작품입니다. '나'가 없으면, 전체로 있습니다. 있다고 믿는 '나'는 한 점에 불과하지만, '나 없음'은 남은 전체이겠죠. 그것이 하나 된 '나', 유와 무의 합일인 전체인 '나'이며, 진정한 '나'입니다. '가온찍이'이며, 시공이 없는 항상 하나입니다.

'0'이 곧 무한이고, '0'이 중ㅐ이며 '나'입니다. 모든 것을 빼내 버린 '0'에 있으면 참으로 홀가분하고 그리도 좋습니다. 시원합니다!

원수를 사랑하라

내 안의 에고는 날 위한다는 이름으로 온갖 일을 다하며
나를 휘두릅니다. 사탄의 일을 앞장서서 시행하고, 날 현혹하여 수렁에
빠트리고, 온갖 좋지 않은 일은 다 내가 나에게 하고 있습니다.

• • •

"너희 원수를 사랑하며 너희를 핍박하는 자를 위하여 기도하라. 이같이
한즉 하늘에 계신 너희 아버지의 아들이 되리니 이는 하나님이 그 해를
악인과 선인에게 비추게 하시며 비를 의로운 자와 불의한 자에게 내리우심
이니라"(마 5:44-45).

'원수를 사랑하라' 하심이 나를 핍박하는 자를 사랑하라는 말씀으로
알았던 때가 있었습니다. 하지만 나를 핍박하는 사람이 딱히 없어서,
'네 이웃을 네 몸같이 사랑하라'는 말씀에만 매달려 있다가, 문득
말씀을 묵상하는 가운데, 나를 핍박하는 자는 바로 '나'임을 알게
되었습니다. 원수도 내 안에, 사탄도 내 안에, 모든 것이 내 안에

다 있습니다. 내 안의 에고는 날 위한다는 이름으로 온갖 일을 다 하며 나를 휘두릅니다. 사탄의 일을 앞장서서 시행하고, 날 현혹하여 수렁에 빠트리고, 온갖 좋지 않은 일을 다 나에게 행합니다.

누군가를 원수로 여길 만큼 많은 상처를 받은 사람들이 얼마나 될까요? 그리 많지 않을 것 같은데, 왜 '일반적으로' 표현했을까요? 나를 핍박하는 자가 나보다 더한 자가 있을까요? 반성이라는 이름으로 나를 채찍질하던 일이 얼마이며, 남과의 경쟁에서 뒤질라치면 나의 부족함과 잘못이 원인이라고 매도하여 담금질을 가하고, 자기에게 엄격함이 삶의 근본임을 내세워 조금의 잘못에도 자책하며 핍박하여 온 나! 생각해 보니 나에게 핍박을 가한 자는 나 외에는 생각나지 않습니다.

우리는 그렇게 부대끼며 살아갑니다. 남을 핍박하여 얻을 것이 있는 경우가 그리 흔한 것도 아니요, 핍박하여 얻어지는 것도 아니어서 서로를 배려하며 살아갑니다. 그럼에도 나에 대해서만은 엄격해야 함을 내세워 조금의 양보도 허용치 않음이 선善인 양 치부되어 왔죠. 모든 잘못이 분별에서 옴을 모르고, 분별 앞에서 선을 택해야 함을 내세우면, 그릇됨은 필연코 있게 마련이어서 자책의 실마리를 제공하고, 자신을 핍박하는 '나는 나의 원수가 되어갑니다.'

이 세상에 착한 일이 있기나 한 것인지요? 착한 일 또한 자신의 관념에 불과할 뿐, 착한 일은 없습니다. '무엇이 하나님 뜻인지'를 생각하면, 우리가 아는 것은 하나도 없습니다. 길가의 돌멩이가 왜 거기에 있는지, 나는 왜 아픈지, 무엇을 일깨우려 하시는지, 도무지 알 수 없습니다. 도우려 한 일이 오히려 폐가 된 경우가 있음을 경험으로 아는 우리는, 남을 돕는 게 과연 착한 일인지 스스로 묻게 됩니다. 옳은 일이라 생각하는 일들을 실행하곤 하지만, 우리는 알 수 없고, 그런 일들이 모여 전체가 완벽하게 가꾸어집니다. 알 수 없는 우리가 알 수 있는 하나는, '우리는 아버지의 아들'이라는 사실과 아버지의 아들로서 당당하게 아버지와 하나 됨을 추구해야 한다는 것입니다. 모두가 하나이어서 선악의 분별은 없고 '나는 모든 것이다.'라는 자각과 존엄함에 있어야 합니다. 따라서 모든 일을 용서하고 사랑해야 하는 것입니다. 햇빛이 선인과 악인을 가리지 않고, 비가 의인과 불의한 자를 가려 내리지 않듯이, 모두를 사랑하라 함입니다.

모든 것이 '나'로부터이기에, 나와 아내 그리고 자녀의 순서로 원수가 되어갑니다. 잘못에 대한 이해가 부족하고 오히려 원함이 앞서서 자기의 생각을 내세우곤 합니다. 내가 나를 사랑할 때, 모두를 사랑할 수 있습니다. 적은 내 안에 있어서 아무도 물리쳐 줄 수 없고, 오직 나만이 나를 사랑할 수 있을 뿐입니다. 나를 사랑함은 '있는 그대로' 나를 보는 것으로, 아버지가 주신 '본래의 나'를 보는 것입니다. 그것은 '나 없음'이어야 하고, '나 있음'은 나와 남의 분리이어서 아버지를 볼 수 없습니다. 오직 '나 없음'으로 아버지와 하나일 때, 진정한 나를 사랑하지 않을 수 없습니다. 나의 원수가 나인 것은, '나'를 나타내려고 온갖 일을 하려 하지만 뜻대로 이루어지지 않음에 '자아 극기'를 내세워 나를 핍박하기 때문입니다. 아내와 자녀는 '이러해야 해' 하면서 자기를 드러내고 서로 원수가 되어갑니다. 그 원수를 사랑함이 '나 없음'입니다. '나 없음'으로 내가 나를 사랑할 때, 모두를 사랑하게 됩니다. 원수는 본래 없었습니다.

하나임

분리하지 않고 하나로 보는 것, 그것이 무아無我입니다.
내가 없다는 믿음. 뒤로 누우면 물 위에 뜹니다.
그것이 믿음입니다. 내 힘을 믿고 엎드리면 빠지죠.

• • •

"저희가 먹을 때에 예수께서 떡을 가지사 축복하시고 떼어 제자들을 주시며
가라사대 받아먹으라 이것이 내 몸이니라 하시고, 또 잔을 가지사 사례하시
고 저희에게 주시며 가라사대 너희가 다 이것을 마시라, 이것은 죄 사함을
얻게 하려고 많은 사람을 위하여 흘리는 바 나의 피 곧 언약의 피니라"(마
26:26-28).

  물이 컵에 담겨 있을 때는 물이지만 그 물을 마시고 나면 물은
더 이상 물이 아니라 '나'입니다. 물이 나와 하나가 된 것이죠. 예수께서
몸과 피를 주심은 세상의 참 양식을 주신 것입니다. 하나님으로서의

밥, 생명으로서의 밥을 선포하시고, 그것을 먹어 나와 하나가 되라고 하신 것입니다. 아버지와 하나 됨은 아들 된 우리가 찾아가야 할 본향입니다. 우리가 있었던 본향은 모두가 하나인 전체로 있음에 분리된 것이 없습니다. 너와 내가 없이 그냥 하나입니다. 당신이 나이기에 사랑하지 않을 수 없는 사랑이 충만한 곳입니다.

둘이 아닌 하나임을, 아버지와 하나임을 항상 가슴에 담고 아버지의 뜻이 무엇인지 기도하며 나를 없이 해야 합니다. '내가 있다' 함은 나 밖의 것이 있다는 것으로, 진실이 아닌 이 세상에 있는 것입니다. 내가 만들어 놓은 내 세상에 불과한, 협소하고 진실이 가려진 세상과 달리, 전체가 하나인 진실의 본향은 나와 남이 없습니다. 내가 없기에 남도 없지요. 내가 있는 이곳이 그릇되고 거짓된 세상임을 본다면, 우리가 옳다고 여기는 옳음은 "그른 것에서 옳은 것이라고 가려낸 것"으로서 그른 것들 속에서 가려낸 것이라 옳다고 할 수 없는 것들입니다. 따라서 철저한 자기부정만이 진실을 보는 지름길입니다. '나 없음'이 아버지와 하나인 하늘나라입니다.

상놈이 없으면 양반이 있을 수 없으련만, 반상班常을 분리함이 가당키나 한 일인가요? 국회의원은 없어도 사는 데 큰 문제가 없지만, 밥하고 설거지하고 청소하는 사람이 없으면 우리는 한시도 살 수 없습니다. 그런데도 소중한 사람은 보이지 않고 출세한 사람만 보이는 세상입니다. 숲을 이루고 있는 나무들에서 무성한 가지와 열매만 보이고 나무를 지탱하고 있는 뿌리는 땅속에 있어 보이지 않듯이, 우리 눈에 보이는 분리된 한쪽만을 보기 때문에 일어난 착시현상에서 벗어나, 나무와 뿌리가 하나이듯 우리가 모두 하나임을 보아야 합니다.

로마의 노예 철학자 에픽테토스는 늘 '자유와 노예'를 자신의 논의 주제로 삼으며, "귀한 자나 천한 자나 저마다 인생극장의 맡은 배역을 하고 있는 것일 뿐."이라고 했습니다. 국회의원은 귀하고 청소부는 천합니까? 청소부 없는 세상을 생각해 보세요. 각자 맡은 역할에 충실하며 무엇이 아버지의 뜻인지 물어야 합니다. 눈은 눈대로 귀는 귀대로 자기 맡은 역할에 충실할 뿐, 눈은 귀를 귀는 눈을 탓하거나 비교하지 않습니다. 비교 분석하지 하지 않고 하나로 같이 있으며, 보고 들음에 감사합니다.

분리하지 않고 하나로 보는 것, 그것이 무아無我입니다. 내가 없다는 믿음. 뒤로 누우면 물 위에 뜹니다. 그것이 믿음입니다. 내 힘을 믿고 엎드리면 빠지죠. '그른 것에서 옳은 것이라고 가려낸 것'이 옳음으로 치장하고 있음을 바로 보려면, 이 세상은 상대적이라 옳음이 있을 수 없다는, 그릇된 것들의 점철일 뿐임을 믿을 때에만 가능한 얘기입니다. 성경마저도 내가 있으면 상대적입니다. 내가 없이 모두가 하나일 때, 성경은 절대적이며 진리입니다.

나 없는 절대 세계에서
아버지와 하나로 있는 우리의 본향에,
아버지의 아들로 있으십시오.

반야심경

"나락 한 알 속에 우주"가 있습니다. 나락 한 알 속을 찾고 찾아가 보니,
그 속에 전 우주가 들어 있음을 보신 부처께서
우리가 보는 것이 무엇이라고 할 수 없음을 공空이라고 한 것입니다.

• • •

"하늘과 땅과 모두가 나와 함께 있다. 그리고 이 모든 것이 곧
나다." 하는 이것을 체득하면, 오온개공五蘊皆空*임을 쉽게 이해할
수 있습니다. 오온五蘊으로 이루어진 '나'는 하나의 점으로 자리만이
있을 뿐, 있다고 할 것이 없습니다. 빙산의 일각이라는 말처럼 극히
일부를 보고 빙산이라 할 수 없듯이, 점에 불과한 나의 관점에서
보고, 느끼고, 생각하고, 행동하고, 인식하는 것이 진실일 수 없음을

---

* 반야심경(般若心經)의 핵심 구절로 오온(五蘊), 곧 인간이 바로 "나"라고 여기는
  것들인 색수상행식(色受想行識)의 본질이 텅 비어 있다는 뜻이다.

일컬어 공空이라고 한 것입니다.

내게 보이는 것色은 오감이 만들어낸 허상에 불과함이 색즉시공色即是空이요, 보지 못한 그대로가 진실이라는 것이 공즉시색空即是色이라는 말입니다. "나락 한 알 속에 우주"가 있습니다. 나락 한 알 속을 찾고 찾아가 보니, 그 속에 전 우주가 들어 있음을 보고 '연기법'을 깨달으신 부처께서 우리가 보는 것은 '장님 코끼리 다리 만지기' 식이구나 하고, 내가 본 것이 '무엇'이라고 할 수 없음을 공空이라고 한 것입니다. 집착할 것이 하나도 없는데도 잡고 놓지 못하여 괴로움이 따름을 보신 것입니다. 느끼고, 생각하고, 행동하고, 인식하는 것도 그것에 대한 전부는 아니어서 극히 일부이므로, 역시 진실과는 거리가 멀다 함을 수상행식受想行識 역부여시亦復如是라 하고, 모두가 공空함을 설하신 것입니다.

괴로움을 벗어나는 길은, '오온五蘊으로 이루어진 나'는 위치만이 존재하는 한 점에 불과하여 '전 우주와 하나'인 진아眞我로 보는 것인데, '온 우주와 내가 하나'라는 '하나임'을 보는 것으로, 오온을 믿지 않고 자기를 부정하는 것입니다. 자기를 부정할 때 하나님과 하나임을 보게 되면, 그곳이 극락이며, 하나이니 비교할 것이 없어서 사랑만이 충만한 하나님 나라입니다. 사랑뿐인 곳에서 생멸이 있겠으며, 깨끗하고 더러움이 있겠으며, 더하고 덜함이 있겠습니까? 사랑은 생겨나고 소멸하는 것이 없이 영생하여 불생불멸不生不滅, 불구부정不垢不淨, 부증불감不增不減하다고 하는 것입니다. 사랑이 진실이며 사랑만이 고苦의 바다를 건너 니르바나에 이르는 길로서, '성경의 사랑'과 일치합니다. 연기緣起, 무아無我, 공空은 하나임의 다른 표현이며, 사랑을 일컫는 것입니다. 공空이 곧 자비요 사랑입니다.

　계정혜 삼학에서 계戒는 성경의 구약이요 정혜定慧는 신약으로 해석해도 좋을 듯합니다. 그릇됨을 막고 악을 고치는 계戒와 쌍차쌍조雙遮雙照로 정혜定慧를 이룸은 나를 부정하고 하나님과 하나됨입니다. 분별하여 잘못 보고 괴로움에서 벗어남이 자기를 부정하는 길이요, 쌍차쌍조雙遮雙照입니다. 자기를 비우고 모두가 하나임을 보는 것이 정혜定慧이니, 계戒의 율법으로 수행을 하며, 정혜定慧의 사랑으로 하나님(니르바나님)을 따르는 것입니다. 그때에 무슨 거리낌이 있겠으며 무슨 공포가 있겠습니까? 모든 성인들이 자기를 부정하여 이 길을 걷는 지혜를 얻었으며, 하늘나라에 있음을 깨달은 것입니다.

　"아제아제 바라아제 바라승아제 모지 사바하"의 주문은 '가자 가자, 피안으로 가자, 피안으로 다 같이 가자, 영원한 깨달음이여!'의 뜻으로, 이렇게 해석해도 좋을 듯합니다. "가세 가세, 같이 가세, 영생의 하늘나라, '나 없음'으로!"

　그리스도와 붓다가 우리를 부르고 있습니다. 사랑만이 영원하며 구원의 길이라고!

자기부정

내가 없으면 힘이 전혀 필요치 않습니다. 힘을 추구할 일이 없이
사랑만이 충만합니다. 흐르는 물에 역류하는 힘을 자랑하지 않고,
흐르는 물에 나를 내맡기고 유유자적해 보십시오.

· · ·

자기를 부정하여, 나는 아무도 아니라면 내가 어떻게 살아갈 수
있을까? 이런 의문이 일어납니다. '내가 어떻게 살아갈 수 있을까?'
하는 물음은 내가 사는 것으로 믿고 있기 때문입니다. 우리는 스스로
사는 게 아니고 살아지고 있습니다. '나'를 떠나면 힘들이지 않고
물 흐르듯이 저항 없이 살아집니다. 숨을 쉬면서 내가 숨을 쉬고
있다고 여기지만 내 의지와는 무관하게 숨은 저절로 쉬어집니다.
힘들이지 않고 물 흐르듯이 아무런 저항 없이 숨은 쉬어지고 있습니다.
5분 만이라도 숨을 참아 보거나 숨을 계속 들이마셔 보세요 내 의지는
고작 심호흡에 불과합니다. 지나온 날들을 돌이켜봐도 내 노력의

결과라기보다는 어쩌다 보니 오늘에 이르게 되었음을 깊이 느끼게 됩니다.

내 힘으로 무언가를 하려 하면 무리가 따르고 어긋나서 쉽게 이루어지지 않다가도, 별 어려움 없이 별 생각 없이 쉽게 이루어진 일들이 많음을 봅니다. 함이 없이 할 때 이루어진 일들입니다. 내가 없이 한 일들은 나도 모르는 새에 이루어지곤 합니다. 내가 할 수 있는 일이 하나라도 있는지 살펴보세요. 내가 봅니까? 내게 보여집니까? 무엇을 보고자 하면 내 뜻이 첨가되어 그것의 실체를 볼 수 없습니다. 모든 개념은 우리가 그것을 알아차리지 못하게 가로막습니다. 그래서 부처님은 공空을 설하신 것입니다. 우리가 보려 하면 극히 일부밖에 볼 수 없습니다. 그것을 모르기에, 보인 것이 전부인 줄 착각하는 것입니다. '나'를 떠나서 볼 때 '참'을 볼 수 있어서, 옛 어른들께서는 '억지로 안 된다.'고 말씀하셨던 것입니다.

억지로는 안 됩니다. 물 흐르듯이 자연스레 이루어짐은 함이 없이 할 때였음을 상기해 보십시오. 대개 인생의 전환점이라 할 만큼의 큰일들은 나도 모르는 새에 일어나서 나를 휩싸고는 내 인생을 결정하려는 듯이 휘감고 돕니다. 그 일이 좋은 일이든 나쁜 일이든. '돌이켜보면 죽을 고비도 많이 넘겼지' 하는 얘기는 어르신들만의 것이 아니라, 우리도 경험한 것입니다. 나도 모르는 새에 지나갔지만, 생각해 보면 죽을 고비도 많이 넘겼습니다. 아버지의 은혜까지는 아니라 하더라도 내 뜻과는 무관하게 일어나고 지나간 것입니다. 우리는 사는 게 아니라, 살아지고 있습니다.

내가 없어졌을 때의 공포를 경험한 저로서는 '나 없음'의 세계가

얼마나 두렵고 무서운 일인지 압니다. 내 것이라고 믿었던 모든 것이
사라졌을 때 오는 공포가 얼마나 무섭고 두려운지, 순간적으로 그곳을
빠져나와 나를 다시 찾았으니까요. 그리곤 한동안 다시는 그곳에
가고 싶지 않아서 방황한 적이 있습니다. 그만큼 두려운 일입니다.
그럼에도 진실은 '나 없음'에 있기에, '나 없음의 세계'를 보고 나서야
진실을 보게 되었습니다. 진실이 곧 자유였기에, 그리고 자유를 멀리할
수는 없기에, "나는 누구인가?"를 찾기 시작한 것입니다.

자유의지는 "내가 있다고 믿고서 나를 가지고 가느냐?",
아니면 "나를 버리고 모두가 하나인 세상에서
아버지와 하나 되어 사느냐?"의 선택일 뿐입니다.
내가 할 수 있는 일은 하나도 없기에,
'나 없음'을 보는 것이 내가 할 수 있는 유일한 일입니다.
나를 짊어지고 가기에 무겁고 힘들어 괴로운 것입니다.
"너를 버리고 나를 따르라"는 예수님의 사랑의 말씀에 귀 기울여,
믿고 따라보십시오. 아무것도 없는, 어떤 이야기도 없는
자신을 보면, 당신은 이름이 없고, 한계가 없고,
기쁨에 넘치는 존재임을 보게 될 것입니다.

'내가 있다' 함은 힘을 추구하기 마련이어서,
내가 없다고 하면 모든 힘이 없어지게 될 것이므로
그리도 두려운 것입니다. 그래서
죽음이 그렇게 두려운 것이죠.
힘은 가지고 있으면 사용하고 싶어져서

잘못된 결과가 많이 일어납니다.

힘이 사탄입니다. 힘을 원하지 마세요.

힘은 언젠가는 소멸하여 당신 곁을 떠납니다.

화려한 경력의 소유자들이 얼마나 무력해지는지를 보세요.

그들을 보면서 '정승과 정승 집 개'를 비교하는 고사를

떠올리곤 합니다. 얻어지면 곧바로 없어질 것을

그리도 원할 일이 있나요?

밑 빠진 독에 물 붓는 일을 언제까지 하려는지요?

내가 있으면 내가 보는 한계에 갇히게 되고 한없이 협소해집니다.

식색의 즐거움에서 빠져나오면 허망함을 보게 되는데,

즐거움에 빠져 그곳으로 더욱 깊이 들어가려고 하는 노력을 가

치 있는 일로 여기니 방향이 어긋나도 너무도 어긋나 있습니다.

불상현不尙賢을 아무리 외쳐 봐도
1등만이 보이고 2등부터 꼴찌까지는 보이지 않으며,
나만 있고 남은 들러리로 취급합니다.
그런 곳에 행복이 있을까요?
경쟁만이 가득한 곳에 평화가 있을까요?
홀로 있을 수 있는 것이 하나라도 있나요?
연기법緣起法을 설하신 부처님의 지혜를 본받아
우리가 하나임을 깨달아야 합니다.

내가 없으면 힘이 전혀 필요치 않습니다. 힘을 추구할 일이 없이
사랑만이 충만합니다. 흐르는 물에 역류하는 힘을 자랑하지 않고,
흐르는 물에 나를 내맡기고 유유자적하는 여유로움을 보세요. '나
없음'은 가릴 것이 하나도 없어서 시야가 확 트인 세계입니다. 전
우주가 하나로 나와 같이 있음을 봅니다. 모두가 하나이고 아버지와
하나입니다. 그래서 하나님입니다. '나 있음'은, 선택적으로 보는
하나의 점에 불과하기에, 식색을 제공하는 정도의 일밖에는 없어서,
그 일에 탐닉하지만, 그 일은 극히 미미하여 전체를 얘기하기엔 미흡합
니다. 미흡한 그 밖이 있음을 공空이라 하고 공空임을 보라 하는 것입니
다. 공空은 '나 없음'에서 보이고, 그것이 사랑입니다. 공空이 곧 사랑입
니다. 그리스도와 붓다가 '나'다 함이 이것이요, 나는 아버지와 하나입
니다. 이 말이 역겨워 예수를 죽였죠. 그리고 지금도 죽이려 합니다.
아버지는 저 먼 하늘나라에 계시고 여기엔 없기에, 함께 계신 아버지는
배척하는 것입니다.

'나 없음'에서 모든 것이 하나임을 보세요. 진실이기에 자유롭고 아름다우며 평화롭습니다. '갠지스강의 모래알만큼 많은 삼천대천세계에 가득한 칠보로 보시함이, 모두가 하나인 깨달음만 못하다.' 함이 부처님의 말씀이고 보면, 우리가 보는 것이 얼마나 보잘 것이 없으며, '나 없음'의 세계가 얼마나 광대무변한지 짐작이 갑니다.

사랑만이 가득한 황홀하고 신비한 극락의 세계가 멀리 하늘 어딘가에 있는 것이 아니라, 우리가 있는 세계임을 보십시오. 나만 없으면 이곳이 전체와 하나인 자리이며, 에덴동산입니다.

자기를 부정하고 십자가 지고서 예수님 따라가면 보입니다.

"심령이 가난한 자는 복이 있나니 천국이 저희 것임이요"(마 5:3).

'자기를 부정할 때 하나님을 볼 것이다.' 하십니다.

출가

미련 없이 아버지 집에 갈 준비가 되어 있는 사람은
죽음의 시간이 행복할 것입니다. 아버지와 같이 사는 곳으로 가는 일이
얼마나 벅차고 기쁜 일이겠습니까?

• • •

출가와 가출은 다릅니다. 가출은 단순히 집을 떠남을 뜻하지만, 출가는 전도몽상顚倒夢想을 멀리 떠나 홀로 있는 것입니다. 참된 출가는 몸 출가만이 아니라 마음 출가를 하여 전도顚倒된 마음을 떠나 참 마음을 찾겠다고 나서는 것입니다. 자애自愛에 빠져 있는 나를 떠나 모두가 하나임을 보기 위해 참을 찾아 떠나는 것입니다. "무소의 뿔처럼 혼자서 가라."라는 말을 '혼자'라는 말에 가두면, 스스로 자기가 만든 울타리에 갇히게 됩니다. 다른 이에 물들지 않고, 다른 이를 다른 그대로 보고, 모두를 있는 그대로 보며, 나에게 가두지 말라는 의미인데, 그것을 '고고하게 혼자 가라'는 의미로 이해한다면, 참으로

안타까운 일입니다. 출가를 가출과 같은 의미로 이해하여 가족을 버리고 홀로 떠나는 것으로 알면 비정한 사람이 되어 홀로서기의 의미가 전도됩니다. 무소의 뿔처럼 혼자서 가는 것이 홀로서기이며 출가는 얽매이기 가장 쉬운 가족에게조차 얽매이지 않고 혼자서 간다는 의미로서, 가족을 '있는 그대로' 인정하고 나의 생각에 물든 가족, 즉 내가 원하는 가족에게서 떠나는 것입니다. 가족이 단지 내가 원하는 가족이 된다면 얼마나 안타까운 일인가요? 가족이 나이기를 바라지 말고 가족과 떨어져 가족으로 있는 것이 출가입니다. 어디에 있어도 혼자이고 혼자이어야 합니다. 에고가 그려놓은 이 세상은 거짓으로 점철되어 있으므로, 꿈속에서 헤매지 않고 꿈에서 깨어나 참을 보고자 하는 것입니다. 이 세상은 힘을 숭배하여 힘을 얻고자 경쟁에 휩싸여 있고, 힘은 대부분 돈에서 나오므로 돈을 숭배하는 세상입니다.

경쟁에서 이겨 승자가 되기보다는 공생함이 좋으련만, 경쟁에서 오는 불안과 긴장 속에 평온과는 멀리 떨어져 있음에도 기어코 경쟁에 내몰리는 전도된 세상입니다. 돈에는 아무런 힘이 없습니다. 우리는 돈에 힘을 부여하고 그 힘의 노예로 전락하고 말았습니다. 아무런 힘이 없는 돈이, 전도된 망령된 생각에 물들어, 신의 위치까지 치솟아 위세를 부리고 있습니다. 소멸해 버릴 힘에 모두를 불사르는 헛된 삶에서 벗어나 평안을 찾으러 출가합니다.

필요치 않은 힘을 비교하고 판단하는 일에 휩싸이다 보면 힘을 발휘하게 됩니다. 좋고 싫고, 아름답고 추하고, 옳고 그르고 비교하다 보면, 자기가 생각하는 것을 얻고자 힘을 추종하게 됩니다. '있는 그대로' 보면 될 일을 기어코 비교 분석하여 우열을 나누고, 없는 우열이 생겨난 것입니다. 불생불멸不生不滅, 불구부정不垢不淨, 부증불감不增不減이련만, 전도된 이원성의 시각에서 나누고 쪼개어 힘을 불러들인 것입니다. 원래 없는 이원성은 소멸할 수밖에 없어서 그에 따르는 힘 또한 소멸의 길을 따릅니다. 힘을 좇음은 전도몽상顚倒夢想입니다. 꿈에서 깨어나 '본래의 나'를 찾아야 합니다.

하나인 우리에게 힘은 전혀 필요치 않습니다. 하나이기에, 힘을 사용할 곳이 전혀 없습니다. 해가 모두에게 고루 비추듯이, 물 흐르듯, 삶은 그렇게 친절하게 흘러갑니다. 사랑만이 충만하여 어떤 우열도 다툼도 없이 진정한 자유 속에서 누구나 살아갈 수 있습니다.

힘은 허망한 것입니다. 어제까지 얼마를 가졌든, 오늘 남은 힘이 얼마인지가 중요하고 지금 가진 힘만이 유효하여 지난날은 전혀 상관없습니다. 죽음이 당도하면, 전에 가졌던 힘은 상실의 두려움만 초래하는 정말로 멀리해야 할 것일 뿐입니다. 죽음을 맞을 때까지의 시간이 길고 짧음은 물리적인 시간일 뿐, 정신적인 시간은 많은 힘을 가진 사람일수록 아마 길 것입니다. 놓기가 너무도 안타까워 잡고 놓지 않으려 발버둥치는 것이 눈에 보이는 듯합니다. 애타는 마음으로 저항하다 그렇게 가겠죠. 슬픈 일입니다. 그래서 우리는 출가하여 전도몽상顚倒夢想에서 벗어나 사랑의 길을 걸어야 합니다.

힘은 에고가 원하는 것으로 힘의 유혹에 빠질 때마다 거기에 에고가 있음을 알아차리고 사랑의 힘으로 감싸 안아야 합니다. 그것이 하나 됨입니다. 모두가 하나임을 보면 남이 곧 나이기에 사랑하지 않을 수 없으며, 분별이 내 눈을 가릴 때 그가 나임을 보지 못하는 것입니다.

매 순간 알아차림으로 깨어 있어야 합니다. 우리는 본래 하나였습니다.

바이런 케이티는 도덕경 42장을 다음과 같이 해석합니다.

우리는 홀로 태어났고, 홀로 죽으며, 저마다 자기 지각의 행성 위에서 홀로 살아갑니다. 어떤 두 사람도 이제껏 만난 적이 없습니다. 심지어 당신이 가장 잘 아는 사람, 가슴 깊이 사랑하는 사람도 당신 자신의 투사입니다. 조만간 당신은 홀로 남게 될 것입니다. 그것이 얼마나 아름다운 일인지 아시나요? 결국, 당신은 당신이 함께 잠들고 함께 깨어나는 사람이며, 좋아하는 음식을 주문하고 좋아하는 음악을 사랑하는 사람입니다. 당신은 언제나 당신이 좋아하는 주제였습니다, 당신의 '유일한' 주제. 모두가 당신에 관한 일입니다.

나 자신과 함께 있는 것보다, 나 홀로 있는 것보다 기분 좋은 것은 없습니다. 보통 사람들은 홀로 있음을 싫어하지만 성인은 홀로임을 이용하며, 홀로임을 껴안고, 자신이 온 우주와 하나임을 깨닫습니다. —바이런 케이티

제나(에고) 사랑

에고 덕분에 우리가 살고 있음을 보면 에고를 사랑하지 않을 수 없기에
몸을 잘 가꾸어야 합니다. 몸이 불러오는 욕망을 잘 다스려서
진실과 거짓을 구분하여 대해야 합니다.

• • •

관념 덩어리 제나. 실체는 없이 관념으로 빚어진 제나는 있는
듯이 그럴듯하게 포장하고 있지만 관념의 산물일 뿐 그림자에 불과합
니다. 밥을 아무리 자세히 설명하고 이리저리 머리를 써서 표현해도
밥은 아니요, 물을 이렇게 저렇게 표현하며 아름다움을 노래하고
미화해도 물은 아닙니다. 밥은 밥이요, 물은 물일 뿐입니다. 밥은
말이 아니라 그냥 밥입니다. 관념의 세계는 생각일 뿐 실재가 아닙니다.

우리가 나라고 믿는 자아를 찾아보면 우리에게 관찰되는 것은
지각하는 자아가 아니라 지각일 뿐이다.   —데이비드 흄

내가 보지 않으면 나는 존재하지 않습니다. 내가 그렇게 보기 때문에 그것입니다. 어떤 것도 그 자체와 같지 않고, 어떤 것도 그 자체와 다른 것이지 않음을 보고 중도中道의 길을 가야 하는 것이 이런 연유입니다.

에고는 관념 덩어리여서 우리를 환영의 세계에 있게 하는 모순 덩어리입니다. 제가 만들어 놓은 세상에서 제가 만들어 놓은 세상을 믿지 않을 수는 없기에, 허상을 진상이라 믿으며 살게 됩니다. 우리는 거기에 빠져 있다는 것도 모르는 채 살다가, 그것이 허상임을 알고는 그곳에서 빠져나오는 길이 에고를 버리고 진아眞我를 찾음이라 생각합니다. 그래서 '에고 죽이기'에 열중하는 어리석음을 범하기도 합니다. 에고가 만들어 놓은 세상을 떠나 참세상을 보는 것은, 에고는 관념이기에 생각을 믿지 않고 진실을 보는 것으로, 에고와는 아무런 관련이 없습니다. 에고가 무슨 일을 하든 내가 그것을 믿지 않으면 됩니다. 더구나 에고 덕분에 우리가 살고 있음을 보면 에고를 사랑하지 않을 수 없고, 그러기에 몸을 잘 가꾸어야 합니다. 몸이 불러오는 욕망을 잘 다스려서 진실과 거짓을 구분하여 대해야 합니다. 그것이 내가 할 일이요, 에고의 탓은 아닙니다. 에고는 에고의 일을 할 뿐입니다.

에고의 일이 무엇일까요? 진아眞我를 보기 전의 모든 일이 에고가 하여온 일이겠죠. 이것과 저것을 분리하고 나를 중심에 놓다 보니 나 이외의 모든 것을 배타적으로 보고 그것들을 지배하려는 힘을 추구해온 삶. 그것이 괴로움임을 보고, 지금까지 나는 거짓에 속아 산 것임을 확실히 인지하는 것이 출발점이겠습니다. 이것이 자기부정 입니다. 지금까지는 허상인 힘을 쫓아 살았으니 그것이 거짓임을 알아 부정하고, 참인 사랑 안에 있겠다는 것입니다. 지금까지의 삶을 철저히 부정하여 나와 남이 없는 모두가 하나인 세상에서 더불어 살겠다는 것이죠. "자기를 부정하고 십자가 지고서 나를 따르라." 예수님의 말씀을 따르겠다는 것입니다. 자기를 철저히 부정하고, 이 우주 전체가 나로 하나임을 보겠다는 것입니다.

그러기 위해서는 에고가 만들어 놓은 이 세상도 '있는 그대로' 보면 되므로 에고를 죽일 일이 없습니다. 에고를 죽이면 이 세상도 없어져서 살아갈 수가 없습니다. 있는 그대로 보고 에고에 휘둘리지 않는 것이 내가 할 일이지, 에고를 멀리할 것도 없습니다. 곁에 두고 잘 길들여 좋은 수레로 만들어야 합니다. 좋은 수레로 만들어, 사랑하며 같이 살아야 합니다.

지금까지 살아온 업이 있어 쉽게 되는 일이 아니기에, 깨어 있지 않으면 안 됩니다. '늘 깨어 있으라.' 함은 에고에 넘어가는 우愚를 이제는 범하지 않기 위해, 일어나는 일마다 거기에 내가 끼어 있는지 살펴보라는 말로, '나 있는가?' 질문하는 것입니다. '나 없음'에 이르기까지 질문하고 질문하여 참나를 찾으면 바로 아버지입니다. 아버지와 하나로 천상천하유아독존일 때, 에고도 모든 것과 하나가 되어 사랑하지 않을 수 없습니다. 안을 보고 아무것도 아님을 보고, 밖을 보고 모든 것이 나임을 보는 것입니다. 모두가 나입니다.

생각의 비무장지대

하나하나의 그물코들이 따로따로 떨어져 자기를 드러내서는
그물을 이룰 수 없듯이, 우리는 그물코처럼 하나로 엮여 있습니다. 어디에
있든 관계없이 그물의 일원이 되어 있는 그물코처럼 자유로이 놔두세요.

• • •

한반도에는 남과 북의 완충지대로 비무장지대가 있습니다. 서로의
무기를 내려놓은 곳입니다. 우리네 삶에서도 서로의 생각을 내려놓은
비무장지대가 있으면 좋겠습니다. 이쪽과 저쪽을 넘어 중도의 삶을
사는 사람들이 완충지대를 형성하여 과거를 묻어두고 현실을 직시하
여 서로가 서로를 필요로 함에 눈떠, 그대가 나이고 내가 그대임을
알 수 있게 되었으면 좋겠습니다. 남과 북도 지난날을 묻어두고
화해의 손짓으로 대화를 하며 평화를 모색해야 마땅한데, 같이 어울
려 한 생활권에 살면서 생각의 차이를 극복하지 못한다면 더 더욱
우스운 꼴이 아닌가 싶습니다. 자기만이 옳고 상대는 그르다 하며,

분란을 계속할 일은 결코 아닙니다.

진실은 전혀 다른 곳에 있습니다. 이쪽이나 저쪽에 있는 것이 아니라, 둘이 하나임을 보아야 합니다. 진보만이 있다면 어떨까요? 보수만이 있다면 어떨까요? 생각해 보세요 한 곳으로 치달음이 얼마나 위험한 일인지, 역사가 보여줍니다. 서쪽에서 보면 동산이요, 동쪽에서 보면 서산인 것을! 서로의 다른 시각을 인정하면 좀더 평화롭고 행복해집니다. 내가 좀 더 잘 살고 싶은 욕심에 상대를 이겨야 하겠다는 일념이 자리잡는다면, 상대를 인정하고픈 마음이 내키지 않지요. 잇속에 눈이 가려지면 상대의 입장을 생각할 겨를이 없어집니다. 나를 중심에 놓다 보니 남을 인정할 수 없는 거죠. 인간을 중심에 놓고 보니 자연은 인간을 위한 보조물에 불과하여 이익을 좇아 마구 훼손하더니, 황폐해가는 자연을 보고서야 자연의 소중함을 알아차려가고 있습니다. 그와 마찬가지로, 이웃이 없어지면 삶이 얼마나 황폐해지겠습니까? 그대가 있기에 내가 있는 것입니다.

> "나는 미처 몰랐네,
> 그대가 나였다는 것을.
> 달이 나이고 해가 나이거늘,
> 분명 그대는 나일세."

무위당 장일순 선생의 글입니다. 남과 북이 서로를 인정하지 않고 한민족임을 잊은 채 서로를 적대시한다면 통일은 요원할 것입니다.

우리는 그물처럼 하나로 엮여 있습니다. 하나하나의 그물코들이 따로 따로 떨어져 자기를 드러내서는 그물을 이룰 수 없듯이, 우리는 그물코처럼 하나로 엮여 있습니다. 중심에 있는 나를 빼내어, 어디에 있든 관계없이 그물의 일원이 되어 있는 그물코처럼 자유로이 놔두세요. 그것이 '나 없음'입니다. 나는 나로 있는 것이 아니라 모두와 하나인 채로 존재합니다.

남북 분단의 아픔 위에 세워진 비무장지대가 70년의 세월 동안 사람의 발길이 끊어지더니 지구상에서 으뜸가는 생태계 보전지역이 되었습니다. 자연을 '있는 그대로' 놓아두니 그렇게 가치 있는 보고寶庫가 된 것입니다. 우리의 이기심이 얼마나 자연을 황폐화하는지, 비무장지대는 너무도 잘 보여주고 있습니다.

나를 중심에 놓은 생각이 인간사회를 얼마나 황폐하게 삭막하게 만들어가고 있는지 모릅니다. 경쟁으로 내몰린 우리는 1등만이 존재하고 2등 이하 꼴찌까지는 보이지 않습니다. 이긴 자만 보이고 패자는 보이지 않습니다. 약육강식의 동물 세계보다 더 야만적인 사회를 문명사회라 덧칠하며, 삶은 더욱 피폐해져 가지만, 뒤처지는 아픔을 감내하느니 힘을 좇아가는 일을 선택합니다. 나만 놓으면 모두가 행복하게 살 수 있는 길이 있다고 성인들께서 그리도 말씀하시건만, 귀 기울이는 이는 많지 않습니다.

인간의 발길이 끊어지고 자연에 그대로 맡겨놓으니 비무장지대는 더할 수 없는 평화지대가 되어 자연의 보고가 되었습니다. 내가 옳다는 생각을 무장해제하여 옳음을 버리니 그름도 보이지 않습니다. 생각은 대상에 기인하는 것입니다. 내 생각을 무장해제하여 생각하는 대상을

판단하지 않으면, 그것은 있는 그대로 비무장지대의 자연처럼 풍성하
고 평화롭게 살아갈 것입니다.

"멈추면 보이는 것이 있다."는 혜민 스님의 말처럼
비교, 분석함이 없는 비무장지대에서,
어느 쪽에도 편승하지 않고 지켜보기만 해도,
생각으로부터 떨어져 있기만 해도,
우리는 조금은 더 평온해질 수 있습니다.
경계에 놀아날 일이 전혀 없습니다.

과거에 얽매이거나 미래를 염려할 필요 없이
지금의 현실을 '있는 그대로' 인정하고
'지금 여기'에서 같이 가는 것입니다.
나를 나만으로 보지 않고
모두와 하나 된 나로 보는 것입니다.

무아無我입니다.
이것이 진리입니다.

내 생각을 무장 해제한 비무장지대가
평화지대입니다.

본래 나

지금 있는 그대로 보면, 우리의 참모습은 그 무엇도 부족함이 없는
본래 그리스도요, 본래 붓다입니다. 우리의 삶과 세상을 창조할 주체는
신도, 운명도, 업보도 아니고 바로 우리 자신입니다.

• • •

본래 나는 지금 여기에 있는 나입니다. 과거의 나도 아니요, 미래의
나도 아닙니다. 지금 여기에 있는 나를 있는 그대로 보면 되는 일을,
소 타고서 소 찾아다니듯이 찾아다닐 일이 전혀 없습니다. 지금 있는
그대로의 나가 본래의 나입니다. 찾아 나서기에, 과거의 나로, 미래의
나로, 없는 나를 찾아다니니 찾을 수도 없고 영원한 숙제로 남아
나를 찾는 길이 참으로 어려운 길로 오인하고 있는 것입니다.

"찾지 말고 봐라." 아무리 외쳐 봐도, 찾아 돌아다니느라 보지
못한다는 것을 모르고, 무엇을 보라느냐고 항변하며, 없는 것을 보라고
하는 미친 사람 취급하기 일쑤입니다. 우리가 죄인임을 당신은 언제

본 적이 있습니까? 죄인이 아닌 멀쩡한 사람을 죄인으로 만들어 놓고 '너는 죄인이다.' 하는 줄 어떻게 압니까? 우리에게 각인된 우리의 관념이 멀쩡한 사람 죄인 만들어 옥죄고 있지는 않는지, 살펴보아야 합니다. 죄는 '있는 그대로' 보지 않고 판단하여 보는 데에 있는 것일 뿐, 우리는 본래 죄인이 아닙니다. 붓다가 신과 인간의 굴레에서 완전히 벗어나 우리가 붓다라고 선언한 지 2,700년이 지났지만, 우리는 여전히 무지와 착각으로 형성된 관념의 굴레에서 벗어나지 못하고 있습니다. 2,000년 전의 그리스도 또한 "내가 너희 안에, 너희가 내 안에 있다." 하였건만, 우리는 여전히 죄인으로 남아 있습니다.

우리는 신의 이름으로 우리를 옥죄고 있습니다. 소유와 독점, 경쟁과 지배에 의해서 우리의 삶이 좌우된다고 하는 무지와 착각이 불평등한 관습과 편견으로 굳어져 우리는 우리를 옥죄고 있습니다. 인간이란 죄 많고 불완전한 존재라는 그릇된 인식으로 인해 우리는 알 수 없는 결핍감에 사로잡혀 계속 무언가를 더 갈구하고 채워야 한다는 강박감에 시달리고 있습니다. 소위 전문가들은 더욱 세분화된 분리로 참인 양 분칠을 하지만, 우리를 더욱 관념에 사로잡히게 할 뿐입니다.

정말 고요히 있는 그대로 지금의 나에게 필요한 것이 있는지 살펴보세요. 숨은 쉬어지고, 심장이 뛰며, 활기차게 살아 있습니다. 참 신기합니다. 더 바랄 게 없습니다. 내가 살아 숨쉬고 있음이 경이롭습니다. 온 세상 만물과 더불어 살아 숨쉬고 있는 지금의 내가 더없이 좋습니다. 앞날의 걱정은 오지 않을 앞날에 대한 사념으로, 전혀 가치 없는 삿된 상념입니다. 앞날을 준비하기보다는 지금 여기에 있으십시오. 지금 여기 말고는 우리가 있을 곳이 없습니다.

관념에서 벗어나 지금의 나를 있는 그대로 보세요. 제발 생각을 떠나서, 생각하지 말고, 있는 그대로의 나를 보세요. 얼마나 기특합니까? 이렇게 살아 있다는 게 참으로 불가사의하지 않나요? 어떻게 이런 일이 있나요? 생명보다 더한 것이 있나요? 무엇이 더 필요합니까? 우리는 불완전하지도 않고, 죄인은 더 더욱 아닙니다. 얼마나 완벽하기에 이렇게 살아 숨쉬며 당신과 함께할 수 있겠습니까? 뜻대로 되지 않는 일이 있기에 불완전하다고 하지만, 우리의 욕심을 따라가다 보면, 지구인들의 행패에 살아남을 생명이 있나 할까요? 그런 실상을 볼 때 우리는 우리를 탐진치 삼독에 젖어 있는 죄인으로 착각하기 쉽지만, 탐진치는 과거와 미래의 것이지 지금은 없는 허상입니다. 탐진치를 비우라고, 자기를 부정하라고 하지만, 자기의 존재가 더없이 존귀한 존재인 줄 바로 보면 비울 것도 부정할 것도 없습니다. 내가 그리스도요 부처인데, 만물이 나와 하나인데, 비우고 부정할 것이 없습니다. 모두가 하나입니다.

우리의 참모습은 그 무엇도 부족함이 없는 본래 그리스도요, 본래 붓다입니다. 우리의 삶과 세상을 창조할 주체는 신도, 운명도, 업보도 아니고 바로 우리 자신입니다. 수행해서 얻어야 할 어떤 것은 더욱 아닙니다. 우리가 본래 그리스도와 부처라는 말을 믿으십시오. 믿고 그분들이 걸으신 길을 따라가는 것입니다. 자유롭고 풍요로우며 행복한 삶이 펼쳐집니다. 그분들이 걸으신 길이 너무 어려워 따르기가 힘들지 모르지만, 본래면목을 보고 나면 가야 할 길에서 그 길이 너무도 아름답고 황홀해서 가고 싶은 길이 됩니다. 어려울 때마다 본래 자리를 보면 기쁨이 넘치는 아버지와 하나 된 삶입니다.

정말 고요히 있는 그대로

지금의 나에게 필요한 것이 있는지 살펴보세요.

숨은 쉬어지고, 심장이 뛰며, 활기차게 살아 있습니다.

참 신기합니다.

더 바랄 게 없습니다.

내가 살아 숨쉬고 있음이 경이롭습니다.

온 세상 만물과 더불어 살아 숨쉬고 있는 지금의 내가

더없이 좋습니다.

인드라망

아무리 살펴보아도 대상과 분리, 독립되어 있는
나 홀로 내 생명이란 어떤 형태로도 존재하지 않습니다.
모든 관계들이 그물의 그물코처럼 하나로 엮여 존재합니다.

• • •

인드라망이란 천신天神들의 왕인 인드라, 즉 제석천이 머무는 궁전 위에
끝없이 펼쳐진 그물이다. 사방으로 끝없는 이 그물의 그물코에는 보배구슬
이 달려 있고 어느 한 구슬은 다른 모든 구슬을 비추고 그 구슬은 동시에
다른 모든 구슬에 비춰지고, 나아가 그 구슬에 비춰진 다른 모든 구슬의
영상이 다시 다른 모든 구슬에 거듭 비춰지며, 이러한 관계가 끝없이
중중무진으로 펼쳐진다. 이처럼 인드라망 구슬들이 서로서로 비추어 끝이
없는 것처럼, 법계의 일체 현상도 중중무진하게 관계를 맺으며 연기한
것이어서 서로 간에 아무런 장애가 없다. (한국 민족문화대백과사전)

존재의 참모습인 진리란 상호의존성과 상호변화성을 뜻할 뿐 그밖
의 다른 것이 아닙니다. 이러한 내 삶의 실상에 대한 올바른 파악과

이해가 절실하게 중요합니다. 원효는 "삶의 방향과 길을 제대로 알고 살아가는 것은 쌀을 쪄서 밥을 짓는 것처럼 지혜로운 길이고, 삶의 방향과 길을 모르는 채 살아가는 것은 모래를 쪄서 밥을 지으려는 것처럼 어리석은 길이다."라고 했습니다. 인생의 행·불행을 좌우하는 일이기에 삶의 방향과 길을 올바르게 확립하는 일이 그 어떤 일보다 중요합니다.

나로 있기에 괴로움이 떠날 날이 없고,
나만으로 있는 것이 아니라는 실체를 보면
훨씬 더 행복을 느끼며 살아갈 수 있습니다.
세상에 '나' 아닌 것이 없으며,
우주가 '거대한 나'임을 보아야 합니다.
인위적 관념이 만들어지기 이전의
본래 청정한 우주 삼라만상의 인간과 사회,
그리고 인위적 관념에 물든 우주 삼라만상의 인간과 사회가
어떤 것도 그 자체와 같지 않고,
어떤 것도 그 자체와 다른 것이지 않은,
불일불이(不一不異: 동일한 것도 아니요 다른 것도 아님)의 총체적 관계로
존재하고 있음을 뚜렷이 보아야 합니다.
 안을 보고 아무것도 없이 텅 빈 것을 보고,
밖을 보고 '나' 아닌 것이 없음을 보아야 합니다.
안에 내가 있으면 다른 어떤 것도 받아들일 수 없습니다.
대상을 규정하여 보면, '있는 그대로' 보는 여백이 없습니다.

선입견으로 세상을 보고,

내가 만들어 놓은 세상은 '토끼 뿔'처럼 생각을 개념화한 것이어서,

없는 것을 있다고 하는 혼란이 일어납니다.

'생각의 동굴' 안에 살면서 동굴 속이 세상이라 여기며 동굴 밖을 보려 하지 않으니 동굴 밖은 없는 세상이요, 동굴 안의 세상으로 꽉 차 있습니다. 여백이 없습니다. 철석같이 확신해 온 자신의 지식과 믿음이, 내가 있고, 그 내가 살고 있다는 고정관념에 싸여서 생명을 제대로 볼 수가 없습니다. 생명이 내 안에 있는지, 진지하게 깊이 살펴보아야 합니다. 내가 숨을 쉬고 있나요? 숨은 쉬어지고 있으며 생명입니다. 피돌기는 내 뜻이 아니라 돌고 있는 생명 현상입니다.

생명은 내 안에 있지 않아요. 생명이 살아가고 있습니다. 내 생명은 내 안에, 당신 생명은 당신 안에 따로 떨어져 있는 것이 아닙니다. 일체가, 생명이 살고 있습니다. 나와는 무관하게 전체와 연결되어 생명 활동이 이루어지고 있으며, 이렇게 살고 있습니다. 이보다 더한 신비가 있을 수 있을까요? 이런 불가사의한 일이 지금 일어나고 있는 여기 이곳이 천국이 아니고 어디가 천국이겠습니까? 태양이 없이는 한 생명도 있을 수 없습니다. 아무리 살펴보아도 대상과 분리, 독립되어 있는 나 홀로 내 생명이란 어떤 형태로도 존재하지 않습니다. 태양과 뭇 생명의 관계처럼 산, 숲, 물, 공기, 생물, 무생물, 미생물, 세균에 이르기까지 여타의 모든 관계들이 그물의 그물코처럼 하나로 엮여 존재합니다.

총체적 관계의 조건에 따라 끊임없이 생성 변화하는 존재가 지금

여기 내 생명입니다. 분리 독립, 고정 불변된 것은 아무것도 없습니다. 우리는 잘 짜여진 하나의 비단입니다. 인드라망 세계관으로 온 우주가 모두 참여하여 이루어진 것이 지금 여기 내 생명입니다. 내가 곧 당신이며, 당신이 곧 나입니다. 내가 곧 우주이며, 우주가 곧 나입니다. 모두가 나이기에 사랑하지 않을 수 없습니다. 아버지와 하나입니다.

"세상에 '나' 아닌 것이 없다. 우주는 '거대한 나'이다. '작은 나'를 망각하고 없애지 않고서는 '큰 나'를 발견할 수 없다. 이미 뭔가로 가득 차 있으면 다른 것이 들어올 수 없다. 내면을 집착하는 욕망으로 채운다면, '신'은 한 발자국도 움직이지 않을 것이다. '나'를 비워야 '신'이 내 안으로 들어올 수 있다. 그때야 비로소 '신'을 만날 수 있다."
                                                        —잘랄루딘 루미

죽음에 대하여

힘은 두려움을 수반합니다. 죽음이 두려운 것이 아니라
가지고 있던 힘의 소멸이 두려운 것입니다. 죽음은 본래 없는 것이어서
죽음은 변화일 뿐 죽음이 두려울 일은 없습니다.

• • •

"선악을 알게 하는 나무의 실과는 먹지 말라, 네가 먹는 날에는 정녕
죽으리라 하시니라"(창 2:17).

하나님 아버지의 말씀을 따르지 않고 선악을 알게 하는 나무의
실과를 먹은 후부터 죽음은 시작되었습니다. 선과 악을 알고 나서부터
죽음은 시작되었으며, 선악을 모르면 죽음은 없다는 얘기입니다.
그럼에도 우리는 선악을 분별하는 일에 많은 시간을 보냅니다. 죽기
위해서 애를 쓰고 있는지도 모르면서 죽음을 피하려 하고, 할 수만
있다면 영생하고픈 마음은 하늘을 가릴 만큼 크면서도 선과 악은

기어이 분별합니다. 죽음을 피할 수 있는 길을 성경은 분명히 말씀하고 있습니다. "선악을 알게 하는 나무의 실과는 먹지 말라." 이 말을 알면 우리는 죽지 않고 영생합니다. 선악은 없습니다. 분별하는 그 마음만 없으면 우리는 죽지 않습니다. 그 말씀을 죽음이 없는 하늘나라가 너희 안에 있다고 하신 것입니다. 무시무종無始無終, 불생불멸不生不滅의 세계가 선악이 없는 세계입니다. 그곳이 아버지 집이라고, 그리스도와 붓다는 그리도 많은 말씀을 하신 것입니다. '네가 생각하는 선악은 없으며 잘못되어 있다. 너를 부정하고 나를 따르라. 그러면 영생의 하늘나라다. 그곳이 너희 안에 있다.' 하는 것입니다.

본래 죽음이 없는 에덴동산에서, 오온五蘊의 작용으로 선악이 있고, 내가 있다고 믿는 무지와 착각으로 형성된 관념이 죽음을 탄생시킨 것입니다. 이렇게 태어난 죽음을 제일 큰 형벌로 세뇌시켜 온 관념의 틀이 우리를 옥죄어 왔습니다. 죽음이 끝이 아니라 아버지 집에 다시 태어남이라는 것도 모르면서, 끝이라 믿고서 두려움에 떠는 것은 관념의 사슬입니다. 이는 두려움에 떠는 형벌이 필요했던 율법 시대의 산물로서, 죽음에 두려움이라는 최면을 걸어놓고 질서를 유지하려 했던 것입니다. 그것은 상당한 효과가 있었으며, 이러한 세뇌작용이 없었다면 힘의 논리는 무너졌을 것입니다. 힘의 논리로 이 세상을 지켜온 이들에겐 이보다 더한 억제작용은 없으며, '하라, 하지 마라'라고 통제할 때 제일의 보상척도가 되어 주었습니다. 죽음 앞에서 두렵지 않은 이 누구인가? 십자가에 매달아 시범을 보이면서까지 두려움에 떨게 하는 연출마저 서슴없이 자행하면서 세뇌작용은 계속 이어져 왔습니다.

힘의 하나님이 아니라 사랑의 하나님임을 안 사람이 죽음이 형벌이 아니라 은혜임을 알았다면, 죽음에 대한 두려움이 없어져 어떠한 제제도 두려워할 일이 없을 것이기에 인도하기가 참으로 어려웠을 것입니다. 그럼에도 그것이 지금까지 이어져 온 까닭은 아직도 이러한 관념이 유효하기 때문이겠죠. 내가 있으니 힘이 필요하고, 힘에는 대가가 따라서, 힘에 저항하면 죽음을 각오해야 하는 엄청난 모험이 따르기에, 힘에 굴하는 시스템이 자연스레 정립된 것은 죽음에 대한 관념 덕분입니다. 죽음이 끝이라고 누가 그러던가요? 죽음은 끝이 아니라 새로운 시작입니다. 이곳에 왔다가 저곳으로 건너가는 것이 탄생과 죽음입니다. 건너가기의 일일 뿐 생과 사는 없는 불생불멸이 우리의 실체입니다.

분별에서 벗어난 길이 중도中道이며, 선악을 분별하는 무지와 착각으로 형성된 관념의 굴레에서 벗어나면 니르바나에 이르게 됩니다. 오온五蘊이 다 공空하다고 설하신 부처님과, 하늘나라가 너희 안에 있다고 설하신 그리스도의 말씀에서 우리는 참을 봅니다. 수많은 선각자가 우리의 본향은 분별함이 없고 모두가 하나인 세상이라 하고, 그곳을 본 사람들은 천상천하유아독존임을 부르짖고 있습니다. 이 한반도에도 그런 사람들이 많이 있습니다.

힘은 두려움을 수반합니다. 힘은 분리된 곳에는 어디든지 관여하여 힘을 자랑합니다. 그 힘이 소멸되는 때가 죽음이어서 힘의 소멸이 두려움으로 나타나게 됩니다. 죽음이 두려운 것이 아니라, 가지고 있던 힘의 소멸이 두려운 것입니다. 죽음은 본래 없는 것이어서 죽음은 변화일 뿐 죽음이 두려울 일은 없습니다. 힘의 소멸이 두려움으로 표출되는 것입니다. 죽음은 없습니다. 힘을 추구함이 죽음에의 길입니다. 내가 있으면 죽음이 두렵습니다. 내가 있다는 분리는 항상 힘을 필요로 하기에 두려움이 따릅니다. 죽음이 두렵지 않은 길은 나와 남이 없이 모두가 하나인 사랑 안에 있는 것입니다. 사랑에는 힘이 필요치 않아요. 조그마한 힘에 잡혀 있지 말고 전체와 하나인 나를 보아야 합니다. 힘을 추구할 일이 없습니다. 힘을 다 내려놓음이 최대 행복이며, 그 길은 '나 없음'입니다. 내가 없으면 죽음이 두렵지 않은 것이 아니라, 선악이 없기에 죽음이 없습니다. 죽음이 없기에 두려울 일이 없습니다. 죽을 수도, 죽일 수도 없는 '나'는 '나 없음의 나'입니다. 내가 없이 모두와 하나인 '나'는 이곳과 저곳을 구별할 일도 없이 아버지와 하나입니다. 죽음은 부활이며, 아버지의 은혜입니다.

예수님은 3년여의 공생애를 통하여 사랑의 길을 보여주셨고, 33년의 길지 않은 생애를 마치시면서 "다 이루었다" 말씀하셨습니다. 생의 기간이 길고 짧음에 있는 것이 아니라 얼마나 아버지의 뜻에 따라 살아가느냐에 달려 있음을 보여주신 것입니다. 예수께서는 말씀하셨습니다. "누구든지 나를 따라오려거든, 자기를 부인하고, 제 십자가를 지고서 나를 따르라." 하십니다.

가르쳐주신 그 길을 따라 가면, 삶과 죽음을 분리할 일이 없습니다.

삶에 대하여

밥을 먹고 나면 밥은 내가 됩니다.
음식이 내가 되듯이, 모든 것이 그와 같아서
모두가 하나임이 드러나게 되어 있습니다.

• • •

결혼에 대하여

두 분은 함께 태어나서 영원히 함께하실 것입니다. 죽음의 흰 날개가 두 분의 사는 날을 흩뜨려버릴 때라도 두 분은 함께 하실 것입니다. 그렇습니다. 두 분은 심지어 하나님의 잠잠한 기억 속에서마저 함께 하실 것입니다.

하지만 두 분의 그 "함께함" 속에 공간이 있게 하십시오. 그리고 두 분 사이에서 하늘의 바람이 춤추게 하십시오 서로 사랑하십시오 그러나 사랑이 속박이 되게 하지는 마십시오 사랑이 두 분 영혼의

해변 사이에서 출렁이는 바다가 되게 하십시오.

서로의 잔을 채워 주십시오 그러나 한쪽 잔에서만 마시지는 마십시오 서로에게 자기의 빵을 나누어 주십시오. 그러나 한쪽의 빵조각만을 먹지는 마십시오.

함께 노래하고 춤추며 기뻐하십시오. 그러나 각각 혼자이게 하십시오. 거문고 줄들이 비록 같은 노래로 함께 울지라도, 모두 각각 혼자이듯이 서로 마음을 주십시오 그러나 그 마음을 붙들어 놓지는 마십시오. 저 위대한 생명의 손길만이 여러분의 마음을 잡아둘 수 있기 때문입니다.

그리고 함께 서십시오. 그러나 너무 가까이 서지는 마십시오. 성전의 기둥도 서로 떨어져 있고, 참나무 삼나무도 서로의 그늘 속에서는 자랄 수 없기 때문입니다.
　　　　　　　　　　　　　　　　　　　　　　　　—칼릴 지브란

삶이란 생명 활동에 필수인 먹는 것과 생명을 이을 결혼의 문제가 전부라 해도 틀리지 않을 것입니다. 다른 문제들은 부차적인 것이어서, 삶에서 식색食色이 해결되면 다른 모든 것은 어떻게 관리하느냐에 달려 있기 때문입니다. 하여 하나님 아버지께서 주신 식색의 문제를 통하여 하나됨의 길을 안배해 놓으신 은혜를 봅니다.

먼저 칼릴 지브란의 〈결혼에 대하여〉를 통하여 남녀 관계를 살펴봅시다. 남자는 여자를, 여자는 남자를 평생 동안 모르면서 살아가는 것 같습니다. 아버지께서는 둘이서 얼마나 상대적으로 다른지 살펴보라고 영원한 평행선을 그어놓으신 것일까요? 하지만 어쩌면, 아버지의 뜻을 모르는 이에게만 '영원한 평행선'일 뿐일지도 모릅니다. 남과 여가 '가까워질 수 없는 태생적인 거리'라고 곧잘 인식하는 공간은, 칼릴 지브란에 따르면, '아버지께서 마련해 놓으신 하늘 바람이 춤추는 공간'입니다.

남과 여가 만나면 서로가 각자의 이야기만 합니다. 공통점은 오직 하나, '내 마음 알아 달라는 마음'뿐입니다. 각자 원하는 것이 달라서 각자 이야기를 하고 있으면서도, 둘이 이해되고 합의된 듯이 여기면서, 자기에게 예속되기를 원합니다. 지나고 나서야 '그때 그랬어?' 하고는 이론異論을 달아보지만, 왜 그러는지는 여전히 모르면서 이해된 듯이 넘어가고 또 넘어갑니다.

참나무 삼나무도 서로의 그늘 속에서는 자랄 수 없듯이, 둘은 서로를 인정하고 하나이기를 멈춰야 했습니다. 결혼식에서 '둘이 한 몸이 될지니' 하는 말에 넘어가 서로의 그늘이 상대의 그늘이 됨을 모르고, 하나가 되려고 노력함이 문제였습니다. 생각은 서로 다른데, 하나가 되려고 애쓰다 보면, 자기주장을 앞세우게 되어 서로가 서로를 몰라준다는 서운함만 남게 되고, 문제가 어디에 있는지조차 모릅니다. 거문고 줄들의 소리가 다르듯이 둘의 생각은 다름을, 서로를 알 수 없음을 인정해야 합니다. 그리고 신전의 기둥이 서로 떨어져 신전을 이루듯이 서로를 인정하며 같이 가야 합니다. 서로를 '있는 그대로' 인정하는 것입니다. 그럴 때, 에고와 참나가 서로 다르지만 하나가 되어 살아가듯이, 서로의 다름이 보이고 서로를 인정하게 됩니다.

하나님은 그렇게 서로가 다르지만 하나가 될 수 있음을 보여주고자 하신 것입니다. "네가 바라는 것이 없게 하라. 너 없이 보거라. 그러면 너의 배우자가 보이리라. 그때 비로소 너희는 하나가 된다." 하신 것입니다.

이미 창조해 놓은 상대세계에 아담만을 태어나게 해 놓고 보니, 선악을 알게 하는 나무의 열매를 따 먹지 않으면 출가를 시킬 수도 없고, 홀로이면 절대 세계라, 하와를 등장시켜 상대세계의 고난을 겪게 하는 동시에 아버지 집 찾아오라고, 둘이 따로이면서 하나가 되는 길을 예비하신 것입니다. 하나가 될 때까지는 서로를 모르게 하면서, 집 나가 고생해 보고 아버지께 감사하는 삶의 길을 열어주신 것입니다.

"너 없이 배우자를 보라. 그와 같이 너희가 없을 때 아버지가 보인다." 그렇게 아버지와 대면하는 길을 예비해 놓으신 것입니다.

먹지 않으면 죽으니 먹어야 사는데, 음식과 나는 서로 다른 존재로 존재합니다. 둘은 하나가 아닙니다. 그런데 음식을 먹으며 너희가 하나임을 보라고, 먹어야만 살 수 있게 한 것입니다.

나와는 다르게 밖에 있던 음식이
먹고 나면 내가 됩니다.
밥과 나는 다르지만,
밥을 먹고 나면 밥은 내가 됩니다.
음식이 내가 되듯이,
그 음식도 음식이 되기까지 같은 과정을 거치면서

내게로 와서 내가 되었겠지요.

모든 것이 그와 같아서

모두가 하나임이 드러나게 됩니다.

하나임을 드러내어 하나임을 보라고 하신 것입니다.

밥이 하늘입니다.

그래서 예수께선 "빵을 떼어주시며 내 몸이다, 먹으라 하시고,

포도주를 주시며 내 피다, 마셔라." 하고

우리가 하나임을 표명하신 것입니다.

"너희가 식색食色을 떠나서 살 수 있겠느냐? 둘이 다르면서도 하나이고 모두가 하나임을 그리도 모르겠느냐? 부부로 연을 맺어주고 일용할 양식을 주시면서 매일같이 보고 느껴서 모두가 하나임을 보라!"

아버지께서는 그렇게 안배를 하셨습니다. 그렇게 밤낮을 가리지 않고 보면서도 자신을 내세우며 자신의 세계에서 살 것인지 묻고 계십니다.

나락 한 알 속에 우주가 있습니다.

우리 모두는 하나이며

내가 전부입니다.

나만 없으면 천상천하유아독존입니다.

참으로 좋음

나 없음의 자유!
아버지께 온전히 전부를 내맡기면,
나는 있어야 할 이유가 하나도 없기에 걸릴 것이 전혀 없습니다.

• • •

참으로 좋음은 '나 없음'입니다. 모두가 하나되어 전체가 나이니 이보다 더 좋을 수가 있을까요? 참으로 좋고 좋아서 더 이상 할 말을 찾을 수 없이 좋은데, 이 길을 가지 않을 사람이 있을까요? 다만 내가 있다고 믿기에, 나 없는 세상을 생각해 본 적이 없기에, '나 없음'의 세계를 전달받을 길이 막연해지는 것입니다.

"오온五蘊이 다 공空하다. 나를 부정하라." 2천 년이 지나도록 들어왔건만, 그 말을 모릅니다. 이 말을 아는 것이 깨달음인데, 깨달음의 길이 따로 있다고 여기며, 그 길은 아무나 갈 수 있는 길이 아니라 여기고선, 그렇게도 좋은 길을 놓아두고 괴롭고 힘든 길을 택하여 갑니다. 신이 있다고 믿는 것이 이 길인 줄 알고 '믿사옵니다' 외치면서 '나'도 있다고 믿기에 아버지를 보지 못합니다. 나는 없이 모두가 하나임을 모르고, 아버지와 하나인 세상을 모르기에, 괴롭긴 마찬가지이지만 신을 믿기에 복을 받을 수 있다고 여길 뿐, 참으로 좋은 천국에서 살 생각은 사후의 일이라 여깁니다. 이곳과 저곳이 다르지 않은 아버지 나라이건만 아버지는 저곳인 하늘나라에 계시기에 빌고 기도해야 우리 곁에 겨우 함께하시는 인색한 분이라고 생각합니다. 항상 우리와 함께 계심은 상상도 할 수가 없는 일이 되어 버립니다.

참으로 좋은 세상은 이곳이며, 지금 여기입니다. 하늘나라가 우리 안에 있습니다. 아버지와 함께 있으며, 모두가 '나'입니다. 그런데 하는 짓이 중생과 다름이 하나도 없음은, 중생과 같은 몸으로 중생과 하나로 같이 살기 때문입니다. 예수와 석가는 그리스도와 부처로 살았지만 우리는 살아온 업을 떠날 수 없기에 습관적으로 업에 따라 살아갑니다. 하지만 참으로 좋은 세상을 본 사람은 마음이 그곳에 있기에, 너무도 좋아 그곳에 있을 수밖에 없기에, 업에서 벗어나지 못하고 있다가도 조금만 마음이 불편하면 그곳으로 돌아옵니다. 그래서 깨달음은 순간순간의 깨달음이라 하는 것입니다.

하루 중에 99%의 시간 동안 그곳을 떠나 있다가도 1%만이라도 아버지와 같이 있는 시간을 가지면, 갔다가 돌아오고 갔다가 돌아와서 나를 아버지께 맡길 수 있습니다. 다시금 싱그러워지고 또다시 싱그러워져서 참으로 좋은 그곳과는 떨어질 수 없습니다. 나 없음의 세계이기에, 나를 내세우는 즐거움에 빠져 허우적거리는 삶을 살지 않는 한 그곳을 잊을 사람은 없습니다. 모두가 나이기에 걸림이 있을 것이 없고, 생각을 놓아버리면 일어나는 어떤 일도 일어나야 하기에 일어남을 봅니다. 자유는 개인 안에는 없습니다. 진정한 자유는 나 없을 때입니다.

나 없음의 자유! 지금껏 알아온 지식이나 앎이 걸림돌이라는 혜안이 우리를 모름의 길로 인도하며 관념의 세계를 떠나게 합니다. 아버지께 온전히 전부를 내맡기면, 나는 있어야 할 이유가 하나도 없기에 걸릴 것이 전혀 없습니다. 부족함이 전혀 없는 참으로 좋은 세상은 언어를 통한 관념의 세계가 아니기에, 차 맛은 마셔보아야만 맛을 알 수 있듯이 직접 보는 수밖에 없어서, 천국이 여기임을 믿으라고 할 수밖에 없습니다. '나 없이 있는 여기가 천국'이라는 말이 믿어지겠습니까? 내가 있는 이곳은 부귀영화를 누려야 천국인데 나를 없이하라는 정반대의 가치관에 의문이 생기겠죠.

갠지스강의 모래알만큼 많은 삼천대천세계에 가득한 칠보로 보시함이 '나 없음'의 자비보다 못하다고 하여도, 우리가 가지려는 부귀가 얼마나 보잘 것 없는지를 모릅니다. 부족함이 전혀 없는 곳에 부귀영화가 무슨 의미가 있겠습니까? 이곳의 것은 아무리 많이 가져도 '있다고 믿는 나'의 욕망조차 채워주지 못하는 보잘 것 없이 작은 것입니다.

'나 없음의 텅 빔에 가득함'을 무엇과 비교할 수 있겠습니까?
참으로 좋아서 다른 것에 눈길을 줄 수 없습니다.
"텅 빈 가득함."
무한입니다.

천지창조

이름을 붙여주지 않아도 꽃은 꽃이요
이름이 붙여지고 나면 오히려 이름대로 보게 되어
이름의 굴레에 갇히게 됩니다.

• • •

여호와 하나님이 흙으로 각종 들짐승과 공중의 각종 새를 지으시고 아담이
어떻게 이름을 짓나 보시려고 그것들을 그에게로 이끌어 이르시니 아담이
각 생물을 일컫는 바가 곧 그 이름이라. 아담이 모든 육축과 공중의 새와
들의 모든 짐승에게 이름을 주니라(창 2:19-20).

아담과 그 아내 두 사람이 벌거벗었으나 부끄러워 아니 하니라(창 2:25).

이에 그들의 눈이 밝아 자기들의 몸이 벗은 줄을 알고 무화과나무 잎을
엮어 치마를 하였더라(창 3:7).

할애비는 있는지 없는지 아무렇지도 않게 발가벗고 돌아다니던

손녀가 언제부터인지 제 방에 들어가 옷을 갈아입더니, 이젠 노크 없이 방문을 여는 것도 싫어합니다. 부끄러움을 타기 시작하는 것을 보고 내심 흐뭇하여 미소 짓곤 했습니다. 부끄러움을 아는 것이 성장하는 것으로 알고 흐뭇해했는데, 성장한다고 하는 것이 사실은 분별할 줄 알게 되었다는 의미라고 생각하니 씁쓸합니다. 그러고 보니 성장은 분별력을 기르는 것이고, 공부란 분별을 잘 하는 능력을 키우는 작용입니다.

하나님이 창조한 그대로 보면 될 일인데, 거기에 이름을 부여하고 분별하는 것이 곧 선악과를 따 먹는 일입니다. 있는 그대로 보면 되는 것을 굳이 이름을 주고 나서 분별하기 시작하더니, 벌거벗었으나 부끄러워 아니하던 두 사람이 부끄러움을 알게 된 것입니다. 분별력이 생겨서 자기들의 몸이 벗은 줄을 알게 된 것을 두고 눈이 밝아져서 그리 된 것으로 오해합니다.

"내가 너의 이름을 불러주었을 때 너는 내게로 와서 꽃이 되었다"는 시구는 웬지 모르게 우리의 가슴을 적시지만, 꽃이라는 이름이 없이 그저 있는 그대로 볼 때와 꽃이라는 이름을 가지고 볼 때, 어느 쪽이 더 가슴 가득 다가올까요? 이름 모를 부평초가 가슴을 더 설레이게 하던 경험을 돌이켜보면, 이름이 그다지 중요하지 않음을 봅니다. 이름 모를 노신사에게서 중후함을 느낄 때면, 이름은 그다지 중요하지 않습니다. 이름을 붙여주지 않아도 꽃은 꽃입니다. 이름이 붙여지고 나면 오히려 이름대로 보게 되어 이름의 굴레에 갇히게 됩니다.

분별이 눈이 밝아지게 하는 것으로 오인한 인류는 끝없이 분리를 계속하고 있습니다. 학자들이 만들어 놓은 이름과 개념을 몰라도 삶은 평온하게 흘러갈 수 있습니다. 이름과 개념에 대한 지식이 평온한 삶과는 아무런 관련이 없음에도, 아는 것이 힘이고 좋은 일이라 여기고는 쉴 새 없이 내달리며 자신을 힘들고 괴롭게 만듭니다.

천문학자가 새롭게 발견한 별의 이름을 몰라도
우주는 그대로이고,
밤하늘을 바라볼 때 천체가 하나로 다가오는 감흥은
별의 이름을 아는 것과는 관계가 없습니다.

밥그릇 챙기려 자기들의 세계를 공고히 지키려고
어려운 용어를 만들어 표현하고 현란한 개념으로 포장하지만,
그 어떤 것도 '있는 그대로' 보는 것보다 부족합니다.

내 이름조차 없이 나를 보는 것이
진정한 나를 보는 길인데
이름을 가지고 접근하여
제대로 볼 수 있는 것이 과연 무엇일까요?

분리하지 않고 하나로 있음을 보면
그보다 아름다운 세상이 없는데
굳이 분리하여 부분밖에 못 보면서
경계를 그어놓고 쪼개어 볼 일은 아닙니다.

숲을 보며 감탄하다가
숲속의 꽃 한 송이에서 아름다움을 보는 것이
얼마나 감흥을 불러일으키는 일이냐고 할지 모르지만
꽃의 이름을 알아야만 하는 것은 아닙니다.

모든 문명을 거부하고 사는 것이 최상의 삶이냐고 묻는다면,
의식주가 해결되지 않은 삶이 얼마나 괴로운 일인 줄을 안다면,
분별은 필연이요 삶의 목표라고 할 것입니다.

그럼에도 불구하고 우리의 목표가
근심 걱정 없이 행복하게 사는 것이라면,
분별은 괴로움의 근원이라는 것을 알아서
분별에 얽매이지 않고 하나임을 보아야 합니다.
분별하는 마음에 얽매이지 않고 그 마음을 내야 합니다.
분별하지 말라는 것이 아니라
분별에 매이지 말라는 것입니다.

세상은 미분으로 기술되고
적분으로 움직입니다.
쪼개어 분별하고 그것을 합하여 움직이는 것입니다.
"나누어 보되 나누어 놓지 않고"
하나로 엮여진 인드라망 안에서 사는 것입니다.
쪼개기만 하고 합하지 않으면
이 세계가 어떻게 이루어지겠습니까?

쪼개어진 하나하나가 합해진 하나임을 알아야 합니다.
하나님의 창조에 감사하며 분별하여 편리하게 사고하고
그에 갇히지 않고 사랑 안에 있으라는 말입니다.

분별하여 판단할 일이 하나도 없이
편리한 삶의 도구로 활용하며 살라고
몸도 주고 생각하는 마음도 주신 것입니다.

분별하면 괴로우니,
생각하는 마음과 내 몸이라는 생각으로 살지 말고
생각 없는 마음과 내 몸이라 하는 생각 없이 살라 하는 것입니다.

발가벗고 뛰어다니던 손녀가
부끄러움 타는 손녀보다 더 예쁩니다.
벌거벗은 손녀나 부끄러움 타는 손녀가 다 예쁘지만
발가벗은 손녀가 더 예쁘다는 겁니다.

그 이야기를
선악을 알게 하는 나무의 열매를 따 먹고
숨어 있는 아담으로 표현한 것입니다.
개념에 사로잡혀 판단하는 것이 얼마나 부끄러운 짓인지
분별하지 말라는 것입니다.

편리함의 분별과 판단하는 분별은 확연히 다릅니다.

298

쪼개놓으면 들기도 편하고 생각하기도 쉬워져서 좋지만
전체를 볼 수는 없습니다.

전체는 부분의 합이 아닙니다.
전체와 부분이 하나로 원융할 때
에덴동산입니다.

앎에서 벗어나는 길은 분별하지 않는 것이 아니라
분별함에 매이지 않는 것입니다.
학자들의 새로운 용어를 알기 위해 해설서를 보기보다는
알아서 뭘 하려는지 생각해 보고
말 배우지 않으려는 마음이 더 소중할 수 있음을 보고
어떻게 하는 것이 전체를 보는 길인지 살펴보아야 합니다.

하나님이 창조해 놓은 세상은
창조해 놓은 그대로 보면
없는 것이 없이 다 갖춰진 풍족한 세상이어서
구하고 원할 것이 전혀 없는 세상입니다.

분별해 놓고 부분에서 보니 부족하여 구하고,
구한 것을 잃을세라 간직하려 하다 보니
짐은 무거워져 힘들고 괴롭습니다.

"무거운 짐 진 자들아 다 내게 오라." 하신 그리스도의 말씀은

생각하는 마음과 내 몸이라 하는 마음을 내려놓고
내 몸이라는 생각 없이 생각 없는 마음으로
'나'라는 분별심을 떠나
'나 없음'으로 살라는 말입니다.

자기를 부정하면 모든 경계가 허물어져
전체와 하나가 되고
천지창조 그대로의 아버지 나라입니다.

나누어 보되 나누어 놓지 않으면
분리된 나라와 분리되지 않은 나라가 하나 되어
아버지와 함께합니다.

후기

붓다와 그리스도, 인류의 큰 스승이신 두 분이 계심은 우리의 크나큰 행복이 아닐 수 없습니다. 우리가 하나님 아버지의 아들임을 일깨워 우리의 본성을 찾으라고 자비와 사랑으로 그 길을 보여주신 두 분의 가르침이야말로 인류의 등불이 되었습니다.

2,700여 년 전의 붓다는 8정도로 중도의 길을 걸으시며 이승의 우리는 연기의 화합일 뿐 아무것도 아님을 오온五蘊 개공皆空이라 설하시며 응병여약(應病與藥: 상대의 처지와 형편을 살펴서 들려주는 가르침)으로 설하시어 중생을 깨우치셨고 그 길을 손수 걸으셨습니다. 깨우침의 과정을 낱낱이 보여주시며 선정禪定의 환락 수행이나 고행 수행의 양극단을 떠나 우리가 본래 붓다임을 보기만 하면 고苦를 떠나 니르바나에 이른다는 것을 보여주셨습니다. 붓다의 길을 걸으셨습니다.

2,000여 년 전의 그리스도는 우리가 하나님 아버지의 아들이며 우리 안에 하늘나라가 있음을 설하시며, "자기를 부정하고 십자가 지고서 나를 따르라" 몸소 그 길을 걸으시어 사랑을 보여주셨습니다. 다만 복음 기록자가 모세 율법을 벗어나지 않으려 했는지 필요 없는 족보를 내세워 우리를 혼동하게 한 문제는, 우리가 잘 살펴보아야

합니다. 모세에게는 힘이 필요했겠지만 이미 힘을 회수하시고 사랑임을 보여주실 그리스도에게는 힘의 계보인 족보도, 공생애 전의 어떤 생활도 필요가 없었습니다. 지금 사랑을 보여주심으로 충분하여 다윗 자손의 족보는 전혀 필요치 않았습니다. 하나님 아들에게 다윗의 족보가 왜 필요했을까요? 우리에게 '너희 족보는 필요 없음'을 상기시키려 했을까요? 그리스도나 우리 모두가 하나님 아버지의 자녀이므로 이 세상의 족보는 전혀 의미가 없음을 상기시켜 주려고 다윗 같은 족보를 내세웠는지도 모르겠습니다. 공생애 중에 보여주신 사랑으로 충분하고, '자기를 부정하라' 하심으로 충분히 뜻을 표하신 것입니다. 그리스도의 길을 걸으셨습니다.

붓다의 무아無我나 그리스도의 '자기부정'은 같은 말이며, '나 없음'으로 아버지와 하나임을 보라고 하신 것입니다. 불교는 "우리가 붓다"임을 알라는 가르침이요, 그리스도교는 "너희 안에 하늘나라가 있다."는 가르침입니다. 불교와 그리스도교의 가르침이 다를 것이 하나도 없습니다. 우리 안에 '나'라는 관념을 내려놓고 우리 모두가 하나이며 아버지와도 하나임을 보라는 것입니다. 붓다와 그리스도 이후의 선각자들께서도 하나같이 한목소리로 말씀하시는 바도 그것입니다.

"얼은 우주에 편만遍滿해 있다. 얼이 무엇 때문에 새장과 같은 몸속에 있으려 할까. 이것을 깨닫게 될 때 우리는 모든 것을 포기하는 버림의 이상에 이른다."　　　　　　　　　　　　　　　—간디 이원성에 갇혀 있는 한, 우리는 진리를 볼 수 없습니다. '나 없음'으로 모두가 하나임을 볼 때, 온 우주가 나이며 아버지와 하나입니다.

먼저 자기 자신을 놓아버려야 합니다. 그러면 모든 것을 놓아버린 겁니다. 실로, 어떤 사람이 왕국이나 천하를 놓아버렸다 해도, 자기 자신을 붙잡고 있다면, 그는 아무것도 버리지 않은 것입니다. 하지만 그 사람이 자기를 놓아버렸다면, 자기가 갖고 있는 것이 왕국이든 명예이든 다른 어떤 것이든 간에 그는 이 모든 것을 놓아버린 것입니다. 여러분 자신에게 눈을 돌리십시오. 자기가 보이거든 자기를 떠나십시오. 이것이 최선입니다.

—마이스터 에크하르트

들려주는 말씀 속에 단 한 번도 빠뜨리지 않고 들려주시는 말씀은 '자기를 버리라'라는 말씀이었습니다. 생각해 보면 내가 끼어 있었고, 그때마다 마음이 분리되어 있다는 것을 느낄 수 있었습니다. 하나임에서 벗어나 '나'가 있을 때 오는 불편함은 '있는 그대로'를 거부하고 고苦를 수반하여 "아버지와 하나로 붙들어 주소서" 기도했습니다. 지금도 기도는 이 하나입니다.

"아버지, 나를 없이하고 아버지와 하나이게 하옵소서! 아멘!"

2020년 10월

不在(없는 이) 서해명